Ruth Hobday

AGILITY MACHT SPASS!
Bd. I.

Anmerkung des Verlages!
Die beiden Agility-Bücher von Ruth Hobday erschienen erstmals in einer Reihe von Fachbeiträgen in der renommierten englischen Hundezeitschrift OUR DOGS. Fotos, Zeichnungen und Text stehen in einem zwingenden inneren Zusammenhang. Die Übertragung des ursprünglichen Zeitungsumbruchs auf Buchform bringt es mit sich, daß, um den inneren Zusammenhang von Text, Bildern und Illustrationen zu erhalten, gewisse satztechnische Probleme nicht zu vermeiden waren.

Wir bitten unsere Leser um Verständnis!

KYNOS VERLAG

Englischer Originaltitel
AGILITY... IS FUN!

Am Remelsbach 30, D-54570 Mürlenbach/Eifel
Telefon: 06594/653, Telefax: 06594/452

Übersetzung: H. und D. Fleig

Das Titelbild des Buches verdanken wir der Firma
EFFEM GmbH, Verden / Aller.
© Titelfoto: BASTA, P. Weber

ISBN 3-924008-86-8

Gesamtherstellung: Druckerei Anders, 54595 Prüm

Agility... macht Spaß!

Band I

Ein Führer - Schritt für Schritt
für Anfänger wie Fortgeschrittene!

von

Ruth Hobday

Illustrationen und Fotos von
Sandra Russell

Agility Reglement der FCI
Stand 1.1.1993

KYNOS VERLAG
MÜRLENBACH

INHALTSVERZEICHNIS

Heidi (Sealight Hurricane), der dieses Buch gewidmet ist.

VORWORT

Agility ist über die letzten Jahre auf der ganzen Welt ein die aktiven Hundehalter verbindender Sport geworden.

Agility - Behendigkeit auf „sechs Beinen" - so wurde spaßig dieser Sport mit dem Hund bei uns in Deutschland bekanntgemacht.

Wie ernsthaft dieser Spaß mit dem Hund aber auch nach Regeln zu absolvieren ist, erklärt die erfahrene Autorin in ihren beiden Büchern.
Sehr anschaulich schildert sie, daß eine erfolgreiche Arbeit mit dem Hund eine gute Harmonie und Vertrauen zwischen dem Hund und seinem Hundeführer voraussetzt.

Diese beiden Bücher zeigen außerdem deutlich auf, welch großer Wert bei der Erarbeitung auf praxisnahe Abbildungen gelegt wurde, die in Verbindung mit dem Text die Ausbildung erleichtern. Dieses Werk ist nicht nur für Anfänger, sondern auch für Fortgeschrittene geeignet und empfehlenswert.

Ich wünsche Ihnen viel Spaß bei der Lektüre und viel Freude und Erfolg beim Umgang mit Ihrem Hund.

Christa Bremer
Präsidentin
Deutscher Verband der
Gebrauchshundesportvereine e.V.

ÜBER DAS BUCH

„Agility macht Spaß" ist in einem interessanten und leicht verständlichen Stil geschrieben und wird durch Fotos und Diagramme umfangreich illustriert. Hierdurch gewinnt der Leser ein klares Bild, kann dieses Buch für Anhänger des Agility-Sports auf allen Leistungsstufen leicht angewandt werden. Dieses Buch ist für die ernsthaften Agility-Sportler auf der ganzen Welt ein Muß - es deckt ein breites Spektrum von der Einführung des Anfängerhundes über die gesamte Ausrüstung ab, unterstreicht auch die Wichtigkeit sorgfältiger, kontrollierter Ausbildung aller Hunde. Gerade die Kontrollübungen, die über das gesamte Buch erklärt werden, sollten für den Anfänger wie für den fortgeschrittenen Hund sehr hilfreich sein.

ÜBER DIE AUTORIN

Von Jugend an - bereits in der Schule - betrieb Ruth Hobday Wettbewerbssport - insbesondere Leichtathletik. Schon als Kind wünschte sie sich einen Hund, aber ihr erster Hund, ein Cocker Spaniel namens Rusty, eignete sich wenig für hundesportliche Aufgaben!

Als Ruth Hobday nach Shropshire umzog, kaufte sie sich einen Mischling namens Kim und Sheba, einen kleinen und ziemlich nervösen Shetland Sheepdog. Da sie die Nervosität von Sheba nicht unter Kontrolle brachte, konzentrierte sich Ruth Hobday auf Kim, ihren Mischlingsrüden, der in den Jahren 1970 und 1971 durch Siege in Anfänger- und Fortgeschrittenenklassen beeindruckte. Im Jahre 1980 entdeckte dann Ruth Hobday mit Riki, einem anderen Sheltie, die Welt der Agility und genoß die aufregende Atmosphäre in diesen Wettbewerben.

Im Jahre 1986 wurden Riki und der Border Collie Kwippy durch Heidi überflügelt, die heute als „Agility Dog of the Year" 1987 und 1988 in ganz England bekannt ist.

Schon in den späten 60er Jahren begann Ruth Hobday mit Ausbildungslehrgängen im Shrewsburry Dog Training Club, die sie über fünfzehn Jahre abhielt. Im Jahre 1981 begann im Shrewsbury Dog Training Club die Agility-Ausbildung, Ruth Hobday wurde Lehrgangsleiterin, später unterstützt von Jo Evason. Über die letzten zwölf Jahre leitete sie gleichzeitig eigene Unterordnungslehrgänge.

Ihre Karriere als Lehrerin in Ausbildungsschulen hat Ruth 1987 aufgegeben. Sie konzentriert sich voll auf ihre Aufgaben als Agility-Trainerin und hat dabei von Anfang an ein komplettes Ausrüstungsprogramm für Agility-Übungen entworfen und ausgebaut. Seit April 1988 leitet sie das „Hurricane Dog Training Centre" in Shropshire.

1. EINLEITUNG

Meiner Freundin Val Mackay kommt das Verdienst zu, daß dieses Buch geschrieben wurde. Ich erzählte ihr über die einzelnen Artikel, die ich für **OUR DOGS** zu schreiben beauftragt war - plötzlich sagte sie: „Ich würde mir das Copyright dieser Beiträge sichern, damit man daraus einmal ein Buch machen kann." Ein Buch schreiben - ich? Nun, ich begann darüber nachzudenken.

Es war mir eigentlich immer sehr bewußt, wie leicht man über eine ganze Ausbildungssaison auf dem Hundeplatz herumspielen kann, ohne tatsächlich den Hund auszubilden. Lange Zeit hatte ich ein Notizbuch geführt und darin die Übungen meiner Hunde niedergeschrieben, um bei der Ausbildung keine Zeit zu vergeuden. Vielleicht wären andere Hundefreunde tatsächlich an meinen Ausbildungsmethoden interessiert? Vielleicht - aber in jedem Fall wäre es sicherlich nützlich, zur Vorbereitung meiner eigenen Ausbildungslehrgänge für Agility die einzelnen Übungen aufzuzeichnen, die ich dafür ausgearbeitet hatte.

Diese Idee erwähnte ich gegenüber Vincent Hogan, dem Managing Director von **OUR DOGS**, und er zeigte sich sehr interessiert. Zwischen meiner Aufgabe als Ausbilder in einer Hundeschule und dem Beginn in meiner eigenen Schule lagen drei freie Monate. Ich setzte mich an die Arbeit.

Nach meiner Meinung war es vernünftiger, zwei kleinere Bücher zu schreiben als ein großes. Zwei Gründe waren maßgebend: 1. Ein kleineres Buch schien mir eine mich um vieles weniger entmutigende Aufgabe und 2. konnte man bei zwei Büchern die Kosten besser verteilen. So schrieb ich Band I.

Mir hat die Gestaltung dieses Buches wirklich Freude bereitet, obwohl es viel mehr Zeit in Anspruch nahm als ich erwartet hatte.

Die in diesem Buch beschriebenen Ausbildungsmethoden haben sich in meiner eigenen Praxis als erfolgreich erwiesen. Ich weiß allerdings aus Erfahrung, daß jeder einzelne Hund, den man ausbildet, seine eigene Erziehung verlangt. Was bei dem einen Hund Erfolg bringt, versagt bei einem anderen. Mit jedem einzelnen Hund oder Hundebesitzer, den ich ausbilde, lerne ich immer etwas Neues - deshalb sage ich ganz eindeutig - wenn die Ausbildungsmethode eines meiner Leser von meinen Empfehlungen abweicht, sich aber als erfolgreich erweist, sollte man bei dieser bleiben. Klappt es aber nicht richtig, sollte man sich nicht scheuen, etwas Neues auszuprobieren. Ich möchte mich sehr herzlich bei Val Mackay dafür bedanken, daß sie mir die Idee zu diesem Buch gab und das Manuskript sorgfältig prüfte. Mein Dank gilt Jo Evason, sie hat alle einzelnen Übungen kontrolliert, sich davon überzeugt, daß sie leicht verständlich erklärt sind. Dank an John und Jane Coleman, auf deren Grundbesitz ich meinen Agility-Parcours aufbauen durfte und ohne deren Hilfe ich mir meinen Traum, eine eigene Hundeschule aufzubauen, nie hätte erfüllen können. Dank auch an Jackie Manley, die das Manuskript getippt hat, an die Mitglieder der Agility-Gruppen von Shrewsbury, Newton Heath und Chadkirk, die mir sehr bei den notwendigen Fotos halfen.

Ich hoffe, daß jeder, der dieses Buch kauft, wichtige Anregungen daraus entnehmen kann und mehr Erfolg in diesem Sport erreicht. *Ruth Hobday*

2. DER RICHTIGE HUND FÜR AGILITY

Mit dem eigenen Hund oder einem neu gekauften Welpen?

Die meisten Hundefreunde, die mit dem Agility-Sport beginnen, besitzen bereits einen Hund, ihren Allzweck-Familienhund, einen Hund, der bereits Erziehungskurse mitgemacht hat oder auch einen Hund, der sich für Hundeausstellungen eignet. Als allererstes müssen sie herausfinden, ob ihr Hund für den

Agility-Sport geeignet ist, oder sie sich eigens hierfür einen Welpen kaufen sollten.

Im Grundsatz ist jeder Hund, der geistig und körperlich gesund ist, für diesen Sport geeignet und kann in der Ausbildung viel Freude machen. Mein Rat lautet, wenn irgendmöglich den vorhandenen Hund auszubilden und sich zu

einem späteren Zeitpunkt vielleicht zu entschließen, speziell für Agility einen Welpen zu kaufen.

Entscheidet man sich für einen Welpenkauf, sollte man sich vor Augen halten, daß es zumindest zwölf Monate dauert, ehe man mit ihm wirklich Agility-Sport betreiben kann. Kein Hund unter zwölf Monaten kann an Agility-Wettbewerben teilnehmen. Ernsthafte Agility-

Ausbildung sollte erst beginnen, wenn sich die Knochen und Bänder des Welpen gefestigt haben. Bei einigen großen Hunderassen dauert dies bis zu fünfzehn oder gar achtzehn Monaten.

Viele Hunderassen, von denen es die meisten Hundefreunde gar nicht erwarten würden, lieben den Agility-Sport, wie etwa der Dalmatiner und der Gordon Setter.

Der neue Agility-Sportler wird anfangs immer Fehler machen, man lernt letztendlich durch die eigenen Fehler - aber es ist besser, man lernt mit einem ausgewachsenen Hund als mit einem Junghund.

Ehe man mit der Agility-Ausbildung beginnt, sollte man sich vergewissern, daß der Hund keine körperlichen Schwächen hat, etwa Hüftgelenkdysplasie, und daß er nicht übergewichtig ist. Es ist einfach unfair, mit einem fetten Hund Sprünge zu üben. Hat der Hund Übergewicht, wird er zunächst durch richtige Diät abgespeckt. Hat man hinsichtlich der körperlichen Fitness des Hundes irgendwelche Zweifel, rate ich vor Beginn des Trainings dringend zu einer tierärztlichen Kontrolle.

Welpenauswahl für Agility - Rasse, Größe und Geschlecht

Wenn man sich für den Kauf eines Welpen entscheidet, müssen mehrere Dinge überlegt werden, insbesondere die Fragen Rasse, Größe und Geschlecht.

Viele erfolgreiche Agility-Club-Teams setzen sich aus verschiedenen Hunderassen zusammen. Hier das Dundee Club Team, das 1987 und 1988 Crufts gewann.

Den zweiten Platz auf Crufts 1988 gewann ein weiteres gemischtes Team des Woodside Clubs.

Hunderassen

Es gibt viele verschiedene Hunderassen, die bei Agility sehr erfolgreich sind. Man braucht keinen **Collie** oder einen **Deutschen Schäferhund**, obgleich diese ideale Rassen für diesen Sport sind. Deutsche Schäferhunde scheinen im Parcours nur selten so schnell wie Border Collies zu sein, sind aber wegen Ihrer Zuverlässigkeit sehr populär. Viele Hundesportler behaupten, Agility sei ein Sport für Collies, da so viele Collies Preise gewinnen. Sie vergessen aber dabei, daß in England zur Zeit in diesem Sport sehr viel mehr Collies eingesetzt werden als irgendeine andere Rasse.

Ich will keinesfalls sagen, kaufen Sie sich keinen Collie! Ich warne aber vor der Vorstellung, daß wenn man sich einen Collie zulegt, dieser immer gewinnt. Es gibt eine Menge Collies, die nie gewinnen.

Ich selbst besitze zwei Border Collies. Beide sind auf völlig gleiche Art trainiert worden, beide können absolut gleich schnell laufen - lasse ich sie aus meiner Hoftüre, galoppieren sie über eine lange Strecke Schulter an Schulter. Auf dem Agility Parcours jedoch sind beide Hunde völlig verschieden. Kwippy tut alles, was ich verlange, scheint aber dabei nie wirklich glücklich zu sein. Obwohl sie sich gelegentlich in Wettbewerben plaziert, wird sie nie ein großer Sieger sein. Heidi dagegen liebt Agility, kann nie genug davon kriegen, verausgabt sich immer völlig. Auf einem Agility Parcours gibt es in ihrem Kopf überhaupt nichts als den Drang, so schnell als irgendmöglich ein Hindernis nach dem anderen zu überwinden. Ich bin ganz sicher, diese Liebe zur Agility ist einem Hund angeboren, und das ist es gerade, was die großen Unterschiede innerhalb der gleichen Rassen bestimmt.

Für Agility sind zur Zeit Border Collies wahrscheinlich die populärste Hunderasse.

Abgesehen von Collie und Deutschen Schäferhunden, welche anderen Rassen konkurrieren heute erfolgreich in Agility?

Golden Retriever. Es gibt eine ganze Anzahl guter Golden Retriever im Agility-Sport, einige davon sind sogar sehr schnell. „Charles Harvest Sun" von Barrie Harvey konkurrierte 1987 sogar in Olympia. Er war der erste Goldie, der sich dafür qualifizierte.

Belgische Schäferhunde. Vor wenigen Jahren schien es im Agility-Sport nahezu ebenso viele Tervueren zu geben wie Deutsche Schäferhunde. Heute sind sie etwas seltener geworden, aber es gibt noch immer sehr viele erfolgreiche

Wettbewerber aus dieser Hunderasse. Belgische Schäferhunde aller drei Schläge trifft man auf Agility-Wettbewerben.

Boxer. Wenn auch nicht so schnell wie Collies ist der Boxer doch ein vorzüglicher und in aller Regel sehr zuverlässiger Springer.

Labrador. Auch dieser Hund ist nicht sehr schnell, aber zuweilen sehr erfolgreich.

Shelties. Diese Rasse ist im Augenblick für Agility nicht sehr populär, aber

eine meiner Favoriten. Riki, mein Sheltie, brachte mich in den Agility-Sport und war der erste und bisher einzige Sheltie, der auf Olympia (Crufts) vorgestellt wurde. Riki ist ein großer Sheltie und tatsächlich nicht schnell genug. Aber ich bin sicher, daß ein Sheltie von Normalgröße (etwa 37 cm Schulterhöhe) beim Start in den Mini-Klassen recht erfolgreich konkurrieren würde.

Pudel. Alle drei Größenklassen des Pudels konkurrieren in Agility mit viel Erfolg, sind in aller Regel sehr gute Springer.

Andere Rassen. Ich habe nur ein paar Hunderassen namentlich herausgegriffen. Es gibt noch viele andere, außerdem natürlich einige ganz vorzügliche Mischlinge. Niemand sollte sich über Gebühr festgelegt fühlen, wenn es darum geht, den richtigen Welpen für Agility auszuwählen.

Größe

Mit zunehmender Beliebtheit der Mini-Klassen ist der Einsatz kleiner Hunde in Agility problemlos geworden. Unsere Bilder zeigen einige Mini-Rassen, die recht erfolgreich in Agility konkurrieren. Die meisten der kleineren Rassen - wie etwa Lancashire Heeler und der Yorkie - haben an Agility viel Spaß.

Ich muß allerdings einräumen, daß ein sehr großer Hund, wie etwa Deutsche Dogge oder Bernhardiner, sich weniger für Agility eignet. Es gibt hier ganz besonders liebenswerte und reizvolle Welpen, aber ausgewachsen sind diese Rassen für Agility tatsächlich ungeeignet. Unsere Bilder auf Seite 18 zeigen Bernhardiner und Tibet Mastiffs.

Für diese Hunde ist es schwierig, den Reifen zu durchspringen. Beim Durchqueren der meisten Tunnels müßten sie auf dem Bauch vorwärts kriechen. Auch mag die Breite des Laufstegs und der Wippe für sehr große Hunde ziemlich schmal sein. Möglicherweise brauchen wir für den Agility-Sport ebenso eine Maxi-Klasse wie eine Mini-Klasse.

Geschlecht

Hinsichtlich der Auswahl Rüde oder Hündin handelt es sich um eine wirklich ganz persönliche Entscheidung. Hündinnen mögen um ein weniges leichter erziehbar sein als Rüden, die manchmal einfach andere Dinge im Kopf haben. Aber jedes Geschlecht hat für den Agility-Sport seine eigenen Vorzüge. Einige größere Deutsche Schäferhund-Rüden sind möglicherweise etwas schwer und damit nicht so schnell wie die Hündinnen der gleichen Rasse.

Hinweise für die Welpenauswahl

Ehe man sich einen Wurf ansieht, sollte man sich zunächst daransetzen und alles herausfinden, was über die Eltern und die ganze Blutlinie bekannt ist. Wichtig ist die Prüfung, ob bei den Vorfahren Freisein von Hüftgelenkdysplasie bestätigt ist, ob beide Elterntiere bei den Rassen, die dafür in Frage kommen, Augenuntersuchungen unterzogen wurden. Ein Agility-Hund muß gesund sein und volles Sehvermögen haben. Durch sorgfältige Vorausplanung kann viel späteres Herzeleid vermieden werden. Natürlich kann man trotzdem einmal großes Pech haben, dennoch einen Welpen mit einer Erbkrankheit erwischen. Wählt man aber aus überprüften Elterntieren, ist dies viel weniger wahrscheinlich.

Hat man sich für einen Wurf entschieden, aus dem man einen Welpen haben möchte, sollte man unbedingt eine oder zwei Wochen vor der Abgabe hinfahren und sich den Wurf selbst ansehen. Man nehme sich viel Zeit und beobachte die Welpen beim Spiel. Richtig sind die aufgeschlossenen, extrovertierten Welpen, meist eignen sie sich besser für Agility. Man klatscht in die Hände oder läßt einen Schlüsselbund zwischen die Welpen fallen und beobachtet die Reaktionen - dabei erkennt man auch, ob eventuelle Hörstörungen vorliegen.

Man sollte sich bei der Auswahl eines Welpen immer möglichst beide Elterntiere ansehen, viele Informationen über die betreffenden Linien erfragen, um insbesondere ein klares Bild über das Wesen zu bekommen. Gefällt einem der in Frage kommende Wurf nicht, sollte man sich keinesfalls überreden lassen, trotzdem einen Welpen zu kaufen. Es ist um vieles besser, sich bei der Auswahl seines Welpen Zeit zu nehmen als später die Wahl zu bereuen. Sobald man mit seinem Welpen zu Hause ankommt, beginnt die Ausbildung.

3. FRÜHERZIEHUNG DES WELPEN

Stubenreinheit

Zu diesem Thema brauche ich wirklich nicht viel zu sagen - es ist in vielen Erziehungsbüchern voll abgehandelt. Aber Sorgfalt und Freundlichkeit, verbunden mit Konsequenz, sind auch bei der Erziehung zur Stubenreinheit sehr wichtig. Hierbei wird die persönliche Bindung, die man mit seinem Hund eingeht, aufgebaut.

Verstehen des eigenen Namens

Ein wirklich guter Agility-Hund reagiert immer sofort auf seinen Namen, die Ausbildung zum Erkennen des Namens sollte sofort beginnen. Man gebraucht häufig den Namen des Welpen, lobt ihn überschwenglich, wenn er richtig reagiert.

Spiel ist von größter Wichtigkeit, die für das Spielen mit dem Welpen aufgebrachte Zeit trägt später reiche Dividenden. Beim Spiel benutzt man häufig den Namen des Welpen, damit er lernt, seinen Namen mit angenehmen Erfahrungen zu verbinden.

Ruft man den Welpen beim Namen und er reagiert nicht, muß man etwas unternehmen. Man klatscht in die Hände, macht irgendwelche anderen Geräusche, bis der Welpe aufmerksam wird. Dann ruft man den Hund erneut bei seinem Namen und belohnt ihn reichlich für das Kommen.

Gewöhnung an die Leine

Sobald sich der Welpe in seiner neuen Heimat eingelebt hat, sollte man ihn als erstes daran gewöhnen, ein leichtes Halsband (keine Kette) zu tragen; später wird eine leichte Leine angelegt. Zunächst läßt man den Welpen die Leine hinter sich herziehen, beobachtet ihn und achtet darauf, daß er sich nirgends verfängt. Hat er sich an Leine und Halsband gewöhnt, nimmt man das Leinenende in die Hand, ruft den Welpen, gibt gleichzeitig einen leichten, freundlichen Leinenruck. Man ruft den Hund zu sich, lobt tüchtig, spielt mit ihm. Diese Übung wird mehrmals wiederholt.

Hat man auf diese Art einen Welpen an Halsband und Leine gewöhnt, fühlt er sich dadurch unbeschwert, ist der Zeitpunkt gekommen, daß man mit der Arbeit bei Fuß beginnen kann.

Kommen auf Ruf

Diese Übung ist schon für jeden Familienhund von großer Wichtigkeit, für den Agility-Hund noch viel mehr! Auf dem Agility-Parcours muß der Hund auf Anruf sofort kommen, da gibt es keine Zeit zum Überlegen. Ziel des Ausbilders ist es, den Welpen zu lehren, daß er auf Anruf immer sofort kommen muß.

Der Trick ist, daß man einen jungen Hund nie rufen darf, ehe man möglichst sicher ist, daß er auch tatsächlich kommt. Nie sollte man ihn rufen, wenn er gerade halbwegs in einem Kaninchenloch steckt oder sich auf den Weg macht, um mit seinem besten Freund zu spielen. Ruft man den Hund dennoch, und er kommt nicht, lehrt man ihn dabei, daß er nicht immer zu kommen braucht. Deshalb ruft man den Welpen immer nur dann, wenn man auch sicher ist, daß er kommt.

Beispielsweise bereitet man sein Futter, während er im Garten spielt. Dann geht man hinaus, Futterschüssel in der Hand, und ruft ihn. Ein anderes Beispiel: ist man draußen im Garten und sieht man, daß der Welpe auf einen zustürmt, kniet man nieder und ruft ihn. Tüchtiges Loben, wenn er da ist. Natürlich - er wollte von sich aus kommen, aber wenn man dies nur oft genug so belohnt, verbindet er das Kommen mit einem wirklich angenehmen Erlebnis und wird hoffnungsvoll immer auf Anruf kommen.

Führt man den Welpen an einer langen Leine (ca. zehn Meter) aus, hat man die Möglichkeit, ein Kommando zu erzwingen. So kann man ihn beispielsweise immer einmal wieder von einem interessanten Geruch abrufen oder ähnliches. Man ruft ihn, reagiert er nicht sofort, wird der Führer aktiv. Ein kurzer Ruck an der Leine und Wiederholung des Kommandos. Jetzt muß er kommen, als Belohnung gibt es wieder sehr, sehr viel Lob. Man sollte dem Welpen gegenüber immer fair sein und diese Übung nie zu oft wiederholen. Zwei- oder dreimal, darauf sofortiges und enthusiastisches Lob - dadurch wird sehr viel mehr erzielt als durch vieles Nörgeln.

Ist man sicher, daß der Welpe kommt, wird er häufig gerufen. Immer das neue Spiel - Ruf, viel Lob und Spiel, danach wieder freier Lauf. Niemals soll der Welpe verbinden, daß er auf Anruf angeleint wird, daß sein Kommen Freiheit und Spiel beendet. Ist man mit dem freilaufenden Welpen unterwegs, ruft man ihn, legt ihm die Leine an, lobt und spielt mit ihm, dann etwas Arbeit an der Leine, dann erneutes Spiel und wieder die alte Freiheit. Wiederholt man dies mehrmals täglich, aber nie zu oft, wird er bald Freude daran haben, zum Anleinen zu kommen.

Trainiert man seinen Welpen auf diese Art, lehrt man ihn folgerichtig, immer schnell auf Anruf zu kommen. Das Allerwichtigste ist unverändert: nie rufen, wenn man nicht sicher ist, daß er auch kommt. Ich weiß, dies ist recht schwierig.

Bestimmt gibt es Gelegenheiten, da man weiß, daß man es einfach versuchen muß, ihn zu rufen. Ich habe dieses Problem dadurch besser in den Griff bekommen, daß ich auch die Hundepfeife für Kommandos benutze. Bin ich mit einem jungen Hund unterwegs und muß ihn rufen, habe aber Zweifel, ob er auch wirklich sofort kommt, benutze ich ersatzweise die Pfeife. Sobald er dadurch aufmerksam geworden ist und beginnt, zu mir zu laufen, benutze ich jetzt seinen Namen und erst dann das Kommando „Hier". Durch die Hundepfeife hat man immer eine Möglichkeit, den Hund zu rufen. Mit dem Hundenamen und „Hier" bleibt die feste Verbindung, daß man sofortigen Gehorsam von ihm verlangt.

4. WIE MAN SEINEN HUND FÜR AGILITY FIT BEKOMMT UND FIT HÄLT

Entschließt man sich, das Agility-Training mit einem älteren Hund zu beginnen, der bisher nur als Haus- und Familienhund lebte, meist etwas übergewichtig ist, muß man sich überlegen, wie man ihn zunächst fit macht.

Fitnessgrundtraining

Nach meiner Erfahrung macht man seinen Hund am besten durch richtiges Training auf der Straße fit. Darunter verstehe ich nicht einen einfachen Spaziergang auf der Straße, sondern richtige Trainingsarbeit - dabei muß der Hund in flotten Trab verfallen. Mit meinen Hunden jogge ich jeden Tag etwa über eine Strecke von drei Kilometern - das macht sie recht fit - und mich auch!

Mit dieser Art von Straßentraining begann ich erstmals, nachdem mein Sheltie Riki sich einen Muskel an einem Lauf verletzt hatte. Ich begann mit einer kurzen Strecke, vergrößerte täglich die Distanz und hatte ihn bald wieder fit gemacht. Er schien sich besser als je zuvor zu fühlen, deshalb habe ich dieses Training beibehalten. Bei dieser Art von Straßentraining muß man den Hund immer an der Leine führen, dadurch kann man eine gleichmäßige Geschwindigkeit einhalten.

Hat man mit dem Agility-Training begonnen, führt man die ersten niedrigen Sprünge durch, kann man dadurch die Sprungmuskulatur entwickeln, ehe man vom Hund die volle Höhe verlangt. Man baut ein oder zwei kleine Sprünge auf (maximal 30 cm hoch), stellt sie in einer Reihe oder im Kreis auf und läßt den Hund mehrmals täglich über diese Hindernisse springen. In diesen Parcours kann man auch einen Weitsprung von etwa 60 cm einbauen. Schon hier kann man in das Training erste Kontrollübungen einschieben. Dadurch vergewissert man sich, daß ein Hund fit ist, ehe es an größere Hindernisse geht. Ein Hund, dessen Muskeln weich sind, verletzt sich wesentlich leichter, wenn er einen Sprung falsch einschätzt oder von einem Kontakthindernis abrutscht, als ein Hund, der wirklich fit ist.

Das Aufwärmen vor dem Training oder Wettbewerben

Kein Athlet käme auf die Idee, ein Hindernis zu überspringen oder einen Wettlauf zu beginnen, ohne daß er sich zunächst aufwärmt. Das Gleiche gilt für einen Hund bei der Agility. Man braucht aber für das Aufwärmen des Hundes keine Sprünge. Ich glaube überhaupt nicht, daß Probesprünge vor einem Wettbewerb gut sind, denn sie werden oft mißbraucht.

Nach meiner Erfahrung ist der beste Weg, Hund und Führer aufzuwärmen, indem man eine schnelle Gangart frei bei Fuß durchführt, hierin eine Reihe schneller Wendungen einbaut. Dies kann man zwischen und rund um die Agility-Hindernisse tun, was in sich selbst schon ein gutes Training darstellt.

Man kann das Aufwärmen aber auch abseits vom Agility-Gelände durchführen.

Das richtige Alter, um mit der Agility-Ausbildung zu beginnen

Die Regeln des englischen Kennel Clubs besagen, daß Junghunde unter zwölf Kalendermonaten an Agility-Prüfungen nicht teilnehmen dürfen. Obgleich sich dies nur auf Wettbewerbe bezieht, ist es auch eine vernünftige Regel für die Ausbildung. Dadurch haben Knochen und Muskeln Zeit sich zu entwickeln, ehe man wiederholte Sprünge und Landungen verlangt oder riskiert, daß ein Hund von Hindernissen, zum Beispiel vom Laufsteg, herunterspringt.

Bei großen, schweren Rassen ist es das Beste, bis zu einem Alter von fünfzehn oder gar achtzehn Monaten zu warten, ehe man mit Hindernissen und Sprungtraining beginnt.

Natürlich sind die meisten Hundesportler mit einem Junghund darauf aus, mit dem Training früh zu beginnen. Mit einem jungen Hund kann man eine Vielzahl wichtiger Grundübungen durchführen. Ist er dann wirklich alt genug für echtes Agility-Training, gibt es keine Verzögerungen durch fehlende Kontrolle des Führers.

Im Gegensatz zu Hunden können sich jugendliche Sportler schon früh in Agility üben.

5. FRÜHE GEHORSAMSAUSBILDUNG

Um bei Agility-Wettbewerben Erfolg zu haben, muß der Führer in der Lage sein, seinen Hund allein durch seine Stimme und Signale voll zu kontrollieren. Bis der Hund für Sprungübungen alt genug ist, können eine Vielzahl von Gehorsamsübungen durchgeführt werden. Selbst für einen älteren Hund zahlt sich die Zeit, die man für Unterordnungstraining aufwendet, im späteren Wettbewerb reichlich aus. Häufig ist die Fähigkeit, einen Hund daran zu hindern, ein falsches Hindernis zu nehmen, der erste Schritt zum Klassensieg. Viele Richter bauen den Wettbewerbern ein oder zwei Fallen in den Parcours. Der Hund, der sofort seinem Führer gehorcht, hat einen merklichen Vorsprung.

Welche Gehorsamsübungen sollte man durchführen? Die nachfolgenden Übungen sind für einen jungen wie einen älteren Hund alle vorzüglich geeignet, eine große Hilfe für spätere Agility-Ausbildung.

Bei Fuß

Diese Übung braucht man im Wettbewerb häufig, wenn es darum geht, über schwieriges Gelände des Parcours von einem Hindernis zum anderen zu gelangen. Wenn der Junghund sich an Halsband und Leine gewöhnt und Freude daran hat, beginnt man mit ganz kurzen Abschnitten schneller Bewegung bei Fuß, versucht dabei, die Aufmerksamkeit des Junghundes über die gesamte Zeit auf sich zu konzentrieren. Am besten hält man ein Spielzeug in der Hand, spielt nach einigen schnellen Schritten mit dem Junghund, ehe man von neuem beginnt. Man macht ein richtiges Spiel daraus, mit nur kurzen Kommandozeiten, sodaß der Junghund nie dieser Übung überdrüssig wird.

Mit zunehmenden Fortschritten des Hundes kann man Wendungen einbauen, bringt dabei dem Hund für die einzelnen Richtungen jeweils ein eigenes Kommando bei. Bei meinem Hund wähle ich „this way" für eine rechte Wendung, „back" für eine linke. (Anmerkung des Übersetzers: „rechts" oder „links" sollten sich auch genügend unterscheiden!) Nie soll man einen Junghund bei der Ausbildung verwirren - als erstes lehrt man ihn die leichtere Wendung nach rechts. Später kann dann auch eine Kehrtwendung in das Programm mit einbezogen werden.

Alle Wendungen erfolgen in schnellem Schritt, abweichend zu Unterordnungswettbewerben braucht man bei Agility für diese Wendungen viel weniger Präzision. Man konzentriere sich darauf, die volle Aufmerksamkeit des Hundes zu erreichen. Die Wendung muß im Augenblick des Kommandos erfolgen.

Man sollte nicht versuchen, den Hund zu lehren - wie bei Unterordnungsübungen - das Auge auf den Führer zu richten. Ein Agility-Hund muß genau dahin schauen, wohin er geht. In der späteren Ausbildung wird solche Fußarbeit auf dem Agility-Parcours zwischen den Hindernissen durchgeführt.

Sofortiges Down

Dies ist für jeden Hund eine sehr wichtige Übung, im Agility-Wettbewerb braucht man sie besonders für den Halteplatz und auf dem Tisch. Dieses Kommando kann besonders wichtig werden, wenn man verhindern muß, daß ein schneller Hund einen falschen Kurs einschlägt. Ich liebe es, den Hund aus der Bewegung „down" zu lehren, nicht aus der Position Sitz. Dabei führt man den Hund in schneller Bewegung an seiner Seite. In dem Augenblick, da man das Kommando „Down" gibt, bewegt sich die Hand Leine abwärts direkt zum Genick des Hundes. Die Hand drückt die Leine leicht zurückführend sanft nach unten. Gleichzeitig geht man in die Knie.

Sobald der Hund in der Stellung „Down" liegt, wird er tüchtig gelobt, gefolgt von lebhaftem Spiel.

Wenn man diese Übung erstmalig durchführt, wird die Mehrheit aller Hunde dem Druck der Leine Widerstand entgegensetzen. Man hält die Leine durch den Druck straff und damit den Kopf des Hundes nah am Boden. Die meisten Hunde werden schnell nachgeben. Nie darf man das Loben vergessen!

Diese Übung wiederholt man während jeder Trainingseinheit mehrfach, auch einige Male auf Spaziergängen. Immer bestehe man auf sofortigem Gehorsam! Besonders bei einem Junghund sollte man sich nie in die Lage bringen, das Kommando „Down" nicht notfalls gleichzeitig mit dem Kommando erzwingen zu können.

Warten auf Kommando

Wenn man in der Agility einen schnellen Hund führt, möchte man ihn oft am Start ablegen, um durch Vorangehen im Hindernisparcours dem Hund gegenüber einen Vorsprung zu haben.

Dieses Warten auf Kommando bringt man einem Junghund am besten bei, wenn man ihn zuvor „Sitz" und „Down" gelehrt hat, wobei er jeweils an der betreffenden Stelle bleiben muß. Einen Junghund sollte man von einem solchen „Bleib" nie abrufen, ehe er diese Übung voll beherrscht.

Bei der Agility verwende ich das Kommando „wait"; für den Hund bedeutet dies: „Warte bis ich dich rufe", abweichend von „Bleib". „Bleib" bedeutet - „Warte bis ich zurückkehre". Deutliche, unterschiedliche Kommandos sind immer eine große Hilfe!

Um den Welpen zu lehren zurückzubleiben, braucht man sehr viel Geduld. Man beginnt mit dem angeleinten Hund, der neben einem sitzt. Man lehrt ihn, ganz ruhig zu sitzen, bevor man versucht, sich von ihm wegzubewegen. Ist der

Junghund ruhig, gibt man ein festes Kommando „Bleib!" und entfernt sich vom Hund um einen Schritt.

Man geht nicht vorwärts, denn von der Arbeit „Bei Fuß" ist der Hund gewöhnt, mit dem Führer gleichzeitig nach vorn zu marschieren. Man gebraucht auch mit dem Kommando „Bleib!" nicht den Namen des Hundes, denn für ihn bedeutet der Name die Aufforderung zu kommen.

Man wartet ein paar Sekunden, ehe man wieder in die alte Stellung geht, verharrt dann wiederum einige Sekunden, ehe man den Hund ruhig lobt. Die Übung endet, indem man den Hund frei gibt, mit ihm spielt. Bewegt sich der Junghund vor der Rückkehr des Führers, benutzt man die Leine, um ihn wieder in die ursprüngliche Sitzposition zu bringen.

Nach und nach vergrößert man Abstand und Zeit, hält sich immer bereit, um wieder von vorn anzufangen, wenn etwas schief geht. Auch diese Ausbildungsübungen müssen kurz sein, man wiederholt sie zwei- oder dreimal täglich. Niemals sollte man danach freizügiges Spielen und Loben vergessen. Wenn man dem Junghund Freude macht, wird er immer schnell lernen.

Erst wenn sich der Hund bei dieser Übung absolut zuverlässig zeigt, sollte man sich daran machen, ihn aus der Wartestellung zu sich zu rufen.

Herankommen auf Ruf

In der Agility-Ausbildung folgt der Abruf aus der Stellung „wait". Später muß man den Hund lehren, über die Hindernisse zurückgerufen zu werden. Wenn man den Hund von jung an gelehrt hat, auf Ruf zu kommen, sollte diese Übung keine Schwierigkeiten bereiten. Beim Agility-Sport ist das Heranrufen in erster Linie der Ruf bei Fuß - man erwartet vom Hund nicht, daß er wie in der Unterordnung herankommt und sich vor den Führer setzt. Vielmehr erzieht man seinen Hund so, daß man direkt nach dem Herankommen mit ihm einige kurze schnelle Übungen frei bei Fuß durchführt und somit den Bewegungsablauf fortsetzt.

Bei dieser Übung muß man aufpassen, daß der Hund den Ruf nicht vorausahnt. Man geht mehrfach zum Hund zurück, ohne ihn zu rufen. Auf dem Agility-Parcours geht man selbst rund um mehrere Hindernisse, ehe man zum Hund zurückkehrt und ihn tüchtig für das Bleiben lobt.

Voraussenden

Allein der Hund ist es, der das Ziel durchläuft, und die Uhr stoppt. Deshalb ist es außerordentlich wichtig, daß man seinen Hund auch voraussenden kann.

Eine ganz einfache Art, das Voraussenden mit einem Junghund zu üben, besteht darin, daß man den Welpen festhält, die Futterschüssel auf die andere Seite des Zimmers setzen läßt, dann den Hund über immer längere Distanzen zur Futterschüssel schickt. Ebenso kann man das Voraussenden mit Leckerbissen und Spielsachen praktizieren. Immer folgt danach fröhliches Spiel.

Zu einem späteren Zeitpunkt, wenn der Hund bereits beherrscht, auf Kommando sofort Down zu liegen, kann man das Vorausschicken manchmal dadurch abschließen, daß man den Hund in die Position Down befiehlt. Man erinnere sich aber immer daran, am Ende muß viel Lob und Spiel stehen.

Auf dem Agility-Parcours

Hat man eine Chance, auf einem Agility-Parcours zu arbeiten, sollte man - wenn der Junghund älter geworden ist - wirklich zwischen all den Agility-Hindernissen immer wieder verschiedene Unterordnungsübungen durchführen, den Hund praxisnah trainieren. Da der Junghund noch immer an der Leine arbeitet, besteht keine Gefahr, daß er in eines der Hindernisse gerät.

Am besten führt man den Hund in schneller Gangart bei Fuß um die Hindernisse, führt eine Reihe von Wendungen aus, ändert mehrfach die Geschwindigkeit. Öfter wird der Hund auf „Down" gelegt, läßt man ihn warten. Gelegentlich läßt man auch die Leine fallen, den Junghund zurück, ruft ihn später zu sich. Wiederum gibt es überschwengliches Lob, fröhliches Spiel, wird die ganze Ausbildung für den Hund zum Spaß!

SRS

6. GRUNDREGELN FÜR DIE AGILITY-AUSBILDUNG

Clubs und Vereine

Hat der Hund das richtige Alter erreicht und ist für das Hindernistraining reif, wäre es das Beste, einen Hundesportverein zu besuchen, der in der Nähe eigene Ausbildungskurse für Agility veranstaltet. In England gibt es eine Vielzahl von Hundesportvereinen über das ganze Land verteilt, die meisten bieten Kurse für Agility-Training. Jedermann, der mit der Agility-Ausbildung beginnen möchte, ist wirklich gut beraten, sich einen Club zu suchen, bei dem ihm von Anfang an auf die richtige Art geholfen wird.

Agility macht sehr viel Spaß, wenn Hund und Führer richtig ausgebildet werden. Die überwiegende Mehrheit der Clubs bietet hier eine sehr gute Leistung, sie bringen die Führer von Anfang an auf den richtigen Weg.

Im Anhang dieses Buches finden die Leser Kontaktadressen zu den hundesportlichen Verbänden und dem Schäferhundeverein. Man wird Ihnen gerne Hinweise geben, wo Sie in Ihrer näheren Umgebung Ausbildungsmöglichkeiten finden. Gibt es wirklich in der Nähe keinen geeigneten Club, besteht noch immer die Möglichkeit, eine Reihe von Hindernissen selbst zu basteln, dann mit der Ausbildung zu beginnen. Ob man seinen Hund bei einem Club trainiert oder auf eigenem Gelände, Grundregel Nummer eins ist immer **die Sicherheit des Hundes!** Lassen Sie sich nie dazu verleiten, Ihren Hund an nicht ausreichend gesicherten Anlagen zu üben. Probieren Sie nie neue Hindernisse aus, ehe Ihr Hund wirklich körperlich wie seelisch richtig vorbereitet ist. Nur bei korrekter Ausbildung bereitet Agility wirklich Spaß. In diesem Sport wird man nie gewinnen, wenn man einen jungen Hund überanstrengt oder gar seinen Gleichmut verliert, wenn der Hund etwas falsch macht. Nur mit einem Hund, der wirklich Freude an Agility hat, macht es Spaß zu arbeiten.

Ausstattung für Hund und Führer

Für den Führer. Das Allerwichtigste ist gutes Schuhwerk, Schuhe, in denen man laufen kann, die festen Bodenkontakt

haben, auch auf nassem Gras. Man sollte immer Kleidung tragen, in der man sich bequem bewegen kann. Auch wenn ich von „laufen" spreche, sollten sich meine Leser von diesem Sport dennoch nicht abhalten lassen, auch wenn sie körperlich weniger beweglich sind. Wenn man richtig lernt, seinen Hund auch auf Distanz zu kontrollieren, hat der Führer immer die Möglichkeit, den Parcours auch mit weniger eigenen Anstrengungen zu meistern.

In England besteht zur Zeit gerade bei Körperbehinderten sehr viel Interesse an Agility. Ich glaube, dies ist großartig und bin ganz sicher, daß viele Behinderte am Agility-Sport viel Freude haben werden. Einer der Pioniere der Agility für Behinderte, Sheila Lane, hat bewiesen, daß körperliche Behinderung kein Hemnis ist, Agility-Sport zu betreiben und Freude daran zu haben.

Dies ist das richtige Halsband für Agility-Ausbildung.

Für den Hund. Wenn es auch richtig ist, für die Grundausbildung eine Art Trainingshalsband zu benutzen, sollte man bei Beginn des Hindernis- und Sprungtrainings anstatt des Kettenhalbandes ein flaches Leder- oder Nylonhalsband ohne Zug verwenden, nie ein Würgehalsband!

Beginnt man mit angeleintem Hund mit den Sprungübungen, könnte ein unvorhergesehenes Hängenbleiben mit einem Würgehalsband dem Hund jede

Freude am Springen verderben. Das Würgehalsband kann für den Hund beim Überwinden von Hindernissen, an denen er hängenbleiben kann, zur echten Gefahr werden.

Man braucht außerdem eine ziemlich lange Leine, aus Nylon, Seil oder Leder, nie eine Kette, welche wiederum die Gefahr des Hängenbleibens bringen würde.

Ein gewöhnliches Würgehalsband (oben) oder ein Halswürger (rechts).
Beide sind gut für Unterordnungsübungen, aber ***nie für Agility*** *selbst.*

Kommandos

Ehe man mit der Ausbildung seines Hundes beginnt, lohnt es sich, darüber nachzudenken und zu entscheiden, welche genauen Kommandos man für die einzelnen Übungen einsetzt. Gerade bei Agility ist es das Beste, genügend unterschiedliche Kommandos einzuüben, um dem Hund klar zu sagen, welches Hindernis als nächstes kommt. So läuft ein Hund, der den Unterschied zwischen einem langen Sprung und einer gewöhnlichen Hürde, zwischen einem Tunnel und einer Schrägwand kennt, viel weniger Gefahr, das falsche Hindernis anzugehen und aus dem Wettbewerb auszuscheiden, als ein Hund, der nur ein paar wenige Kommandos kennt.

Nachstehend die Kommandos, die normalerweise am meisten verwandt werden. (Anmerkung des Übersetzers: Kommandos sind bei den Prüfungen dem Hundeführer freigestellt. Um die Breite der in England angewandten Kommandos zu demonstrieren, wurden die englischen Originalkommandos belassen. Nur hierdurch ersieht der Hundesportler, wie mannigfaltig Kommandos eingesetzt werden können. Es bleibt dem Einzelnen überlassen, welche Begriffe er selbst wählt.)

Springen - „up", „jump" und „over" (hoch, spring, rüber). Ich bevorzuge „up" und „jump" gegenüber „over". Bei den ersten zwei Kommandos ist es leichter, im Sprechen die Stimme anzuheben.

Langer Sprung - „long" oder „over" (lang oder rüber). „Over" nur dann, wenn es bei den normalen Hindernissen nicht angewandt wird.

Reifen - „tyre", „hoop", „through" (Reifen, durch).

Tunnel - „tunnel", „through" (wenn nicht bereits für den Reifen verwandt). (Tunnel, durch). Ich meine, es ist immer das Beste, für Reifen und Tunnel verschiedene Kommandos zu wählen, obwohl der Hund natürlich durch beide Hindernisse durch muß.

Kontakthindernisse - Viele Hundeführer benutzen für alle diese Hindernisse die gleichen Kommandos: „walk on" (hinauf) oder „plank" (Planke) sind am gebräuchlichsten. Man kann aber den Hund den Unterschied zwischen einer Wippe und einem Laufsteg lehren, sagt zum Beispiel „see-saw" oder „plank", um gegenüber dem Laufsteg zu differenzieren, aber das sind viele Worte, wenn man bereits außer Atem ist. Auf Wettbewerbsparcours ist es selten, zwei Kontakthindernisse Seite an Seite zu haben. Deshalb glaube ich, daß man durchaus für alle das gleiche Kommando wählen kann.

Slalom - „poles" (Stangen), „weave" (Slalom), „in and out" (rein und raus), „heel and out" (Fuß und raus). Ich selbst bevorzuge gegenüber allen anderen das Kommando „weave" (Slalom). Dadurch verwirrt man seinen Hund am wenigsten. Insbesondere sollte man die Kommandos „in" und „out" nicht an der falschen Stelle verwenden.

Tisch - „table", „bench". Diese Kommandos sind gleichwertig. Der Hund muß meist fünf Sekunden in der Haltung „stay - down" verharren.

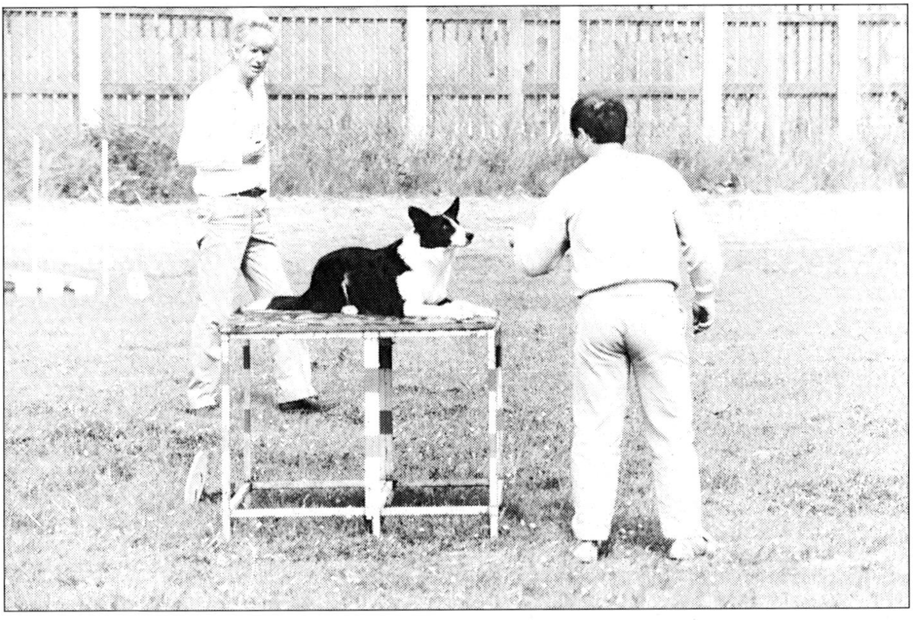

Richtungskommandos

Ebenso wie für die Hindernisse und Sprünge braucht der Hundeführer Richtungskommandos, um den Hund nach rechts, nach links und auch geradeaus vorauszusenden. Ich gebrauche dabei „this way" nach rechts, „back" nach links und „go on" für geradeaus. (Deutsche Kommandos in der Regel „rechts", „links" und „gerade".) Man achte immer darauf, läuft der Hund auf den Führer zu, muß man die Kommandos umkehren. Das Kommando „back" wäre aus der Stellung des Führers eine Bewegung nach rechts - für den Hund aber links.

Ebenso wichtig sind Kommandos, die den Hund wenn nötig auf den Kontaktpunkten anhalten. Dies sind nur einige Vorschläge - es macht überhaupt nichts aus, welches genaue Kommando man verwendet, solange man es nur immer gleichmäßig anwendet und den Hund nicht verwirrt. Man muß immer dieselben Kommandos, nicht einmal „up" (auf), das andere Mal „over" (rüber) verwenden. Man sollte sich unbedingt vergewissern, daß der Hund das Einzelkommando immer sicher versteht!

Lob und Spiel

Die allerwichtigsten zwei Worte in allen Ausbildungsübungen dieses Buches sind Lob und Spiel (praise and play). Ich kann die Wichtigkeit nicht überbetonen, daß man sicherstellen muß, dem Hund eine Menge Freude an der Arbeit zu vermitteln. Zeigen Sie ihm von Anfang an: Agility macht Spaß!

Viel Lob!
Machen Sie Ihrem Hund immer Freude!

7. AUSBILDUNG ZUM SPRUNG

Notwendige Geräte

Man braucht drei Hürden, die je nach Größe des Hundes in einer Höhe von 15 bis 30 cm eingestellt werden. Die Hürden sollten aufrechte Seitenständer haben, keine Seitenausleger, die beim Training mit der Leine nur im Wege wären, den Führer auf größeren Abstand vom Hund hielten. Bei den ersten Sprungübungen sollten die Hindernisse unten mit anderen Stangen oder Brettern ausgefüllt sein, so daß der Hund das Hindernis nicht unterlaufen kann.

Grundausbildung

Stufe 1. Man benutzt zuerst nur ein Hindernis, weit entfernt von allen anderen Geräten, damit der Hund nicht abgelenkt wird.

Mit dem angeleinten Hund läuft der Führer auf die Mitte der Hürde zu. Etwa im Abstand von 60 cm zum Hindernis erfolgt das Sprungkommando, dann springen Hund und Führer gemeinsam über die Hürde. Es folgen viel Lob und Spiel mit dem Hund.

Diese Übung wird mehrfach wiederholt, wobei man immer von der gleichen Seite anläuft, in diesem Ausbildungsstadium nie zurückspringt.

Stufe 2. Es werden zwei Hindernisse in gerader Linie mit einem Abstand von etwa acht Schritten voneinander aufgebaut. Führer und Hund überspringen Nummer eins, tüchtiges Lob mit der Stimme, dann weiter vorwärts und gemeinsamer Sprung über Hindernis zwei. Viel Lob und Spiel!

Stufe 3. Wiederholung von Stufe zwei, aber nach dem zweiten Sprung erfolgt das Kommando nach rechts, man geht in schnellem Schritt, den Hund bei Fuß, einige Schritte in diese Richtung, ehe man den Hund tüchtig lobt und mit ihm spielt.

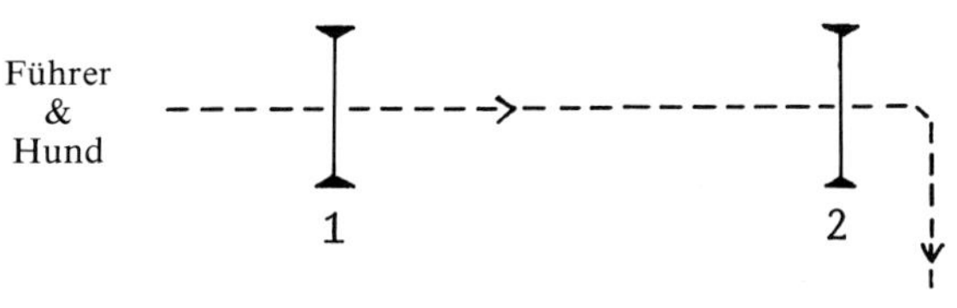

Stufe 4. Wiederholung von Stufe zwei, aber dieses Mal erfolgt das Kommando, das den Hund nach links weist, dann folgt eine Wendung nach links, einige Schritte schneller Bewegung „bei Fuß", danach Lob und Spiel.

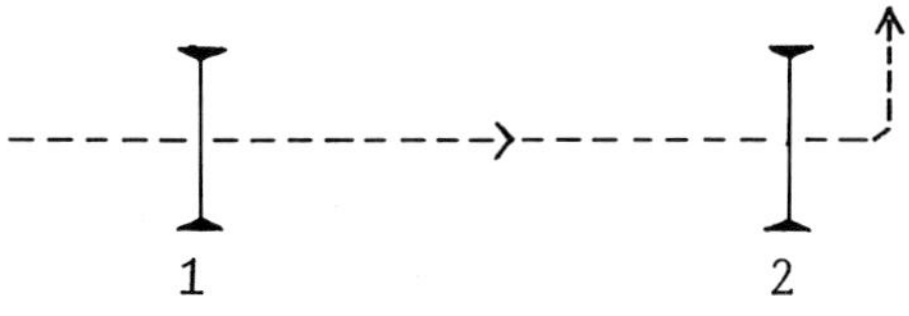

Stufe 5. Dieses Mal werden drei Hindernisse in gerader Linie aufgebaut, jeweils Abstand etwa acht Schritte. Wiederholung von Stufen drei und vier, wobei die Wendung jeweils nach Sprung drei erfolgt.

Stufe 6. Führer und Hund überspringen alle drei Hindernisse, laufen dann einige Meter schnell geradeaus, danach wird der Hund in die Stellung „down" befohlen. Der Hund muß zehn Sekunden in der Stellung „down" verharren, anschließend viel Lob und Spiel.

Stufe 7. Wiederum drei Hürden in gerader Linie. Gemeinsamer Sprung über Nummern eins und zwei, dann Kommando rechts, Wendung zur Seite vor Sprung drei; einige Meter schneller Gangart bei Fuß, dann Lob und Spiel.

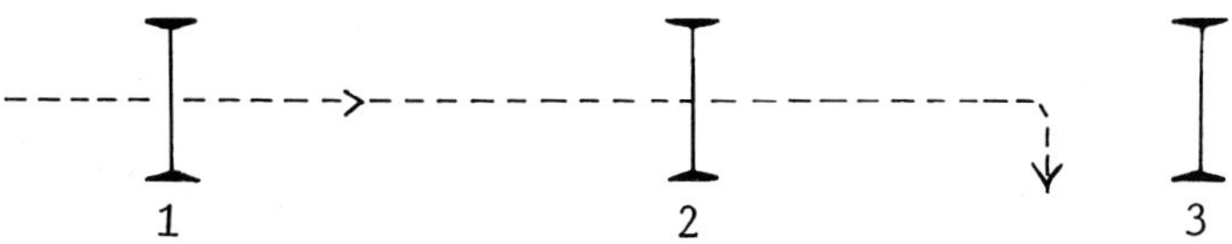

Stufe 8. Wiederholung der Übung sieben, dieses Mal wird aber das Kommando nach links gegeben, nach Sprung zwei erfolgt die Abwendung.

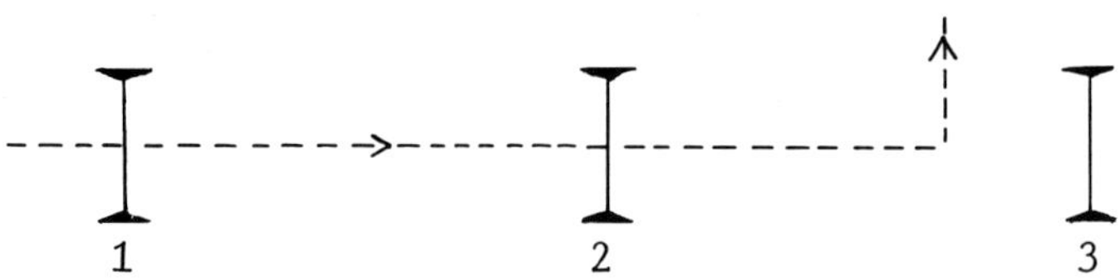

Stufe 9. Ist der Hund fröhlich und sicher, werden die Stufen eins bis acht wiederholt. Jetzt aber läuft der Führer seitlich am Hindernis vorbei, überspringt es nicht gemeinsam mit dem Hund. Große Vorsicht ist geboten, die Leine darf sich nicht an den Ständern verfangen.

Stufe 10. Drei Sprünge in gerader Linie. Der Führer läuft mit dem angeleinten Hund seitlich am Hindernis vorbei, alle drei Hürden werden vom Hund übersprungen, dann führt man den Hund zurück zum Start. Dieses Mal geht der Hund jetzt rechts vom Führer, wiederum werden alle drei Sprünge überwunden, die gesamte Übung arbeitet der Hund rechts vom Führer.

Ich habe festgestellt, je früher man dem Hund beibringt, auf beiden Seiten zu arbeiten, desto leichter ist es. Wenn der Hund die Übung zehn freudig beherrscht, werden die Stufen drei bis acht wiederholt, der Hund läuft aber jeweils auf der rechten Seite des Führers.

Arbeitet der Hund freudig auf Kommando und springt über die ausgefüllten Hindernisse, entfernt man nach und nach die unteren Stangen oder Bretter, bis der Hund nur noch über eine einzelne Stange springt.

Jetzt sollte der Hund die Übungen soweit beherrschen, daß man sie unangeleint wiederholen kann. Man beginnt wieder mit Stufe eins und wiederholt nach und nach alle Stufen ohne Leine. Hat dabei der Führer nicht genügend Kontrolle über seinen Hund, läuft der Hund weg, wird er wieder angeleint, die weitere Arbeit folgt unter Leinenkontrolle. Man sollte sich nie scheuen, ganz an den Anfang der Dinge zurückzugehen, wenn irgend etwas in der Übung falsch verläuft.

Wenn der Hund im Sprung immer verläßlicher wird, erhöht man nach und nach die Hindernisse. Ehe man aber an Hochsprünge von etwa einem Meter geht, muß der Hund alle Übungen ohne Leine beherrschen. Nur zu leicht verfängt sich die Leine an hohen, aufrecht stehenden Hindernissen, erhält der Hund dadurch einen unbeabsichtigten Ruck. Beim Agility-Training sollte man eigentlich die Leine immer nur dann verwenden, wenn es absolut notwendig ist.

8. AUSBILDUNG AN KONTAKTHINDERNISSEN

Kontakthindernisse sind die großen Ausrüstungsgegenstände auf dem Agility-Parcours, über die der Hund gehen oder klettern muß. Man nennt sie Kontakthindernisse, weil der erste und letzte Meter der Laufflächen durch verschiedene Farben markiert ist, die man als Kontaktpunkte bezeichnet. Zumindest mit einer Pfote muß der Hund bei jeder Überquerung diese berühren, oder er erhält Fehlerpunkte. Der Grund für die Anordnung dieser Kontaktpunkte ist das Risiko einer Verletzung, falls der Hund oberhalb dieser Punkte abspringt und damit das Hindernis nicht korrekt überwindet.

Schrägwand oder A-Rahmen

Dies ist immer das erste Kontakthindernis, mit dem ich einen Hund vertraut mache. Nach meiner Erfahrung ist dieses Hindernis für den Anfängerhund das leichteste, obwohl viele Führer dies nicht glauben wollen. Ich bin ganz sicher, es ist immer die Breite der Planke, über die der Hund gehen muß, die ihn beunruhigt, nie die Höhe. Eine Breite von 90 cm bei einer Schrägwand sieht für einen Hund wesentlich weniger gefährlich aus als eine Breite von 30-40 cm des Laufstegs.

Hat man das Glück, an einer niedrig gestellten Schrägwand üben zu können, bedeutet dies eine große Hilfe. Ich kann meine Schrägwand bis zu einem Scheitelpunkt von etwa 76 cm einstellen. Dadurch kann ich einen Anfängerhund am Halsband festhalten, ihm bis zum Scheitelpunkt der Schrägwand helfen. Durch ein solches Festhalten am Halsband gewinnt der Führer eine viel bessere Kontrolle,

nur ganz selten kommt es zu Schwierigkeiten. Ein Helfer auf der gegenüberliegenden Hürdenseite achtet darauf, daß der Hund in der Mitte der Schrägwand bleibt. Wenn man zur Einarbeitung des Hundes eine Schrägwand mit voller Höhe (Scheitelpunkt 190 cm) benutzen muß, habe ich nachfolgende Methode als optimal erprobt. Dem Hund wird ein flaches Leder- oder Nylonhalsband sehr eng angelegt, so daß es nicht über den Kopf des Hundes gezogen werden kann, dann werden an

dieses Halsband zwei Leinen angelegt. Der Führer hält die eine Leine, der Trainer oder Helfer die andere. Am besten ist es, wenn der Führer auf der Seite arbeitet, an die er und sein Hund besonders gewöhnt sind, der Helfer an der anderen.

Man beginnt etwa zwei Meter vom Sockel der Schrägwand - der Hund braucht keinen großen Anlauf - geht flott voran und gibt das Kommando, für das man sich entschieden hat.

Beide Leinen werden stramm gehalten, der Führer hilft dem Hund hinauf, über das Hindernis und wieder hinunter. Indem man die Leinen angespannt hält, verhindert man, daß der Hund auf einer der Seiten abspringt. Bei dem ersten Ver-

such kann es durchaus sein, daß der Hund nicht will, sich in aller Regel gerade kurz vor dem Scheitelpunkt wehrt. Wenn irgend möglich muß man darauf bestehen, daß der Hund seinen Weg fortsetzt, am besten mit einem dritten Helfer, der hinten steht, erforderlichenfalls dem Hund einen freundlichen Schubs gibt. Keinesfalls darf man dem Hund erlauben umzudrehen, die Schrägwand wieder zurückzugehen.

Die gleiche Übung wird von der gleichen Seite zwei- bis dreimal wiederholt.

Natürlich ist es immer gut, wenn der Führer sehr groß ist. Er kann dann den Hund am Halsband halten, was ihm bessere Kontrolle ermöglicht. Hat man gelegentlich einmal einen Hund, der an

der Schrägwand sehr nervös scheint, kann es helfen, auf der Seite des Hindernisses einen Tisch aufzubauen, auf den sich der Führer stellt; dann ist er seinem Hund näher, wenn er zum Scheitelpunkt kommt. Als allerletzten Ausweg kann sich der Führer, wenn er beweglich genug ist, auf den Scheitelpunkt der Schrägwand setzen und den Hund zu sich heraufrufen. Dabei muß man sorgfältig darauf achten, genügend Raum neben dem Führer frei zu lassen, so daß der Hund über das Hindernis und auf der anderen Seite wieder hinuntergehen kann.

Ganz gleich, welche Methode man in der Ausbildung benutzt, immer achte man darauf, daß der Hund tatsächlich jedesmal auch ganz bis unten geht, nicht vorzeitig abspringt. Hat der Hund das Hindernis richtig überwunden, gibt es tüchtiges Lob, frohes Spiel mit dem Hund.

Wird der Hund erstmalig an diesem Hindernis trainiert, reichen drei bis vier erfolgreiche Übungen völlig aus - niemals sollte man zu lange üben, den Hund ermüden und damit unwillig machen. Sobald man sicher ist, daß der Hund das Hindernis sicher überwindet, weder umdreht, noch seitlich abspringt, erfolgt die Übung ohne Leine. Für den Anfang kann es notwendig sein, den Hund am Halsband festzuhalten und ihn bis zum Hindernis zu führen. Je früher man die Übung ohne Leine schafft, desto besser. Beim Gebrauch der Leine (insbesondere bei nur einer Leine) besteht immer das Risiko, daß diese sich am Scheitelpunkt verfängt und der Hund unbeabsichtigt einen strafenden Ruck erhält.

In diesem Ausbildungsstadium darf man nie nach Überwinden der Schrägwand den Hund umdrehen und über das Hinderniss zurücklaufen lassen. Immer geht man zum Ausgangspunkt zurück oder übt an einem weiteren Hindernis, ehe man erneut die Schrägwand angeht. Im Wettbewerb genügt bereits das Aufsetzen einer Pfote und der Hund wird für Abweichen auf falschen Kurs disqualifiziert.

Laufsteg

Zur Ausbildung des Junghundes ist ein Laufsteg mit einer Höhe von etwa 60 cm das Beste. Viele Vereine verändern alte, in voller Höhe angelegte Laufstege auf eine solche Trainingshöhe, wenn sie sich neue anschaffen. Der Laufsteg, den ich für meine Ausbildung benutze, läßt sich auf jede Höhe zwischen 60 cm und 135 cm einrichten. Und das hat sich als sehr nützlich erwiesen.

Habe ich es mit einem Hund zu tun, der bei diesem Hindernis sehr nervös erscheint, nehme ich gelegentlich eine Laufplanke ab und lege diese in einer Höhe von etwa 15 cm auf Ziegelsteine. Auf diese Art lernt der Hund zunächst nur über die Planke zu gehen. Dies kann eine gute Hilfe sein. Es ist aber schwierig, den Hund daran zu hindern, von der Planke herunterzuspringen, wenn sie so nahe am Erdboden ist.

Ganz gleich, auf welche Höhe der Laufsteg eingerichtet ist, die Ausbildungsmethode ist immer die gleiche. Aber natürlich ist alles bei einer niedrigeren Stellung leichter, besonders wenn man mit einem schweren Hund arbeitet. Für die anfängliche Ausbildung an diesem Hindernis braucht man vis-a-vis vom Führer einen Helfer.

Stufe 1. Wenn möglich hebt man den Hund vom Boden und stellt ihn auf halbem Weg auf die abwärts gerichtete Planke des Laufstegs, Kopfrichtung nach unten. Nun läßt man den Hund an dieser Stelle einige Sekunden stehen und lobt ihn die ganze Zeit. Danach hält man den Hund am Halsband, geht gemeinsam mit dem Helfer auf der anderen Seite vorwärts, ermuntert den Hund, ruhig den Steg abwärts zu gehen und zu verlassen - natürlich erst am Ende der Planke. Sehr viel Lob! Diese Übung wird zwei- oder dreimal wiederholt, bis der Hund sich völlig sicher fühlt.

Stufe 2. Jetzt wird der Hund auf die oberste Stelle der abwärts gerichteten Planke

Stufe 1

Stufe 2

gestellt, die Übung der Stufe eins wiederholt. Auch diese Übung erfolgt mehrfach, wiederum verbunden mit viel Lob und Ermunterung.

Stufe 3. Dieses Mal wird der Hund in der Mitte der oberen waagerechten Planke aufgestellt, noch immer Kopf in gleicher Richtung. Mancher Hund setzt sich hin - das macht überhaupt nichts. Man läßt ihn ruhig einige Sekunden sitzen, faßt ihn dann wieder am Halsband, ermuntert ihn, den Laufsteg vorwärts und danach ab-

wärts zu gehen. Manchmal bedarf es der Unterstützung durch den Helfer, der den Hund auf der anderen Seite am Halsband festhält. Bei neuen Hundeführern muß man immer darauf achten, daß sie den Hund nicht aus Versehen vom Hindernis herunterziehen.

Stufe 4. Ist der Hund erst einmal ganz sicher, den Laufsteg vorwärts nach unten zu gehen, führt man ihn rundum

zum Ausgangpunkt des ganzen Hindernisses. Unverändert erfolgt die Übung in der gleichen Richtung, so daß der Hund auf dem weiteren Weg dann zu der gewohnten abwärts gerichteten Planke kommt. Hat der Hund Sicherheit gewonnen, erscheint unbeschwert, faßt man ihn am Halsband, um ihn am Anfang des Laufstegs von unten die Planke hochzuführen. Man läßt das Halsband nicht wieder los, ehe der Hund ans Ende der abwärts gerichteten Planke gekommen ist. Hier muß er sorgfältig über die Kontaktzone geführt werden.

Ich halte es nicht für richtig, wenn Führer, insbesondere Anfänger, versuchen, mit angeleintem Hund am Laufsteg zu arbeiten. Viel zu leicht geschieht es, daß man versehentlich den Hund aus der Balance bringt, ein Sturz in diesem Ausbildungsstadium kann einen Hund weit zurückwerfen. Am Laufsteg sollte beim anfänglichen Training stets ein erfahrener Ausbilder zugegen sein.

Kreuzungen (Cross-Over)

Für einen Hund, der den Laufsteg beherrscht, sollte dieses weitere Hindernis keine echten Probleme mit sich bringen. Der Führer muß lernen, die Richtung

des Hundes auf der Kreuzung zu kontrollieren. Manchmal ist es notwendig, ihn an dieser Stelle zum Warten anzuhalten, am Mittelpunkt sogar in Position „Down" niederzulegen.

Wippe

Vorbereitungstraining. Ich habe die Erfahrung gemacht, daß es für die Ausbildung eine große Hilfe sein kann, einen Junghund unter sehr sorgfältiger Überwachung auf der Wippe schaukeln zu lassen. Dies bedeutet, daß der Junghund **keinesfalls** das Hindernis selbst bewegt. Vielmehr wird der Junghund in der Mitte plaziert und dort festgehalten, während ein Helfer sanft die Planke auf und nieder bewegt. Danach wird der Junghund wieder heruntergehoben. Während er den Junghund festhält, lobt der Führer ihn tüchtig, nach dem Herunterheben folgt fröhliches

Spiel. Bei Junghunden, mit denen ich diese Übung frühzeitig gemacht habe, gab es später mit der Wippe keine Schwierigkeiten. Aber diese Übung muß tatsächlich sorgfältig überwacht werden, so daß sie keine Risiken für den Welpen mit sich bringt.

Einen älteren Hund bringe ich nie an die Wippe, bevor er sich auf dem Laufsteg völlig sicher fühlt. Für einen Hund bedeutet die Wippe einen kleinen Laufsteg, der sich plötzlich bewegt. Um den älteren Hund mit der Wippe vertraut zu machen, braucht man einen Helfer, der die Planke so festhält, daß sie nicht herunterschlägt, selbst wenn der Führer den Hund zu weit oder zu schnell auf der Wippe vorwärts führt.

Geräteausbildung. Der Führer hält den Hund am Halsband fest und läßt ihn ruhig bis zum Mittelpunkt der Planke gehen. Wenn der Hund sich auf dem Laufsteg sicher fühlt, sollte dies für ihn keine Schwierigkeit bedeuten. Ist der Hund im Zentrum angelangt, wird er angehalten, läßt man ihn warten, wobei er sich durchaus setzen darf. Nach ein paar Sekunden wird er für das Warten tüchtig gelobt, dann ermuntert, weiter vorwärts zu gehen. Zu diesem Zeitpunkt bewegt sein Gewicht die Planke abwärts. Der Helfer sorgt dafür, daß sich die Planke nur langsam zum Boden senkt, während der Führer unverändert seinen Hund hält, ihn lobt und ermuntert. Erst wenn die Planke tatsächlich den Boden berührt, läßt der Führer den Hund abwärts gehen und danach

die Planke verlassen. Diese Übung muß wirklich vielfach wiederholt werden. Sehr viel Lob und Ermunterung sind erforderlich.

Mit zunehmender Erfahrung des Hundes und nachdem er am Mittelpunkt zu warten gelernt hat, kann der Führer den Hund bei der Übung loslassen. Noch immer sollte er aber die Planke festhalten und die Abwärtsbewegung kontrollieren, bis der Hund gelernt hat, die Abwärtsbewegung selbst einzuleiten.

Im Wettbewerb bringt es dem Hund fünf Fehlerpunkte, wenn die Wippe nicht den Boden berührt, ehe er sie verläßt, selbst wenn er die Kontaktschwelle

richtig berührt hat. Ein Hund, der die Wippe „überfliegt", bewältigt das Hindernis nicht korrekt und ist in Gefahr, sich ernsthaft zu verletzen. Aus diesem Grund ist es unabdingbar, dem Hund beizubringen, auf der Wippe die Abwärtsbewegung an der richtigen Stelle abzuwarten.

Der genaue Punkt, an dem ein Hund anhalten muß, ist je nach Größe und Gewicht des Hundes verschieden. Man muß ganz genau ausarbeiten, wo man den Hund zum Anhalten bringt, so daß er die Abwärtsbewegung kontrollieren kann.

Je leichter ein Hund ist, um so weiter muß er zusätzlich vorwärts gehen.

Bei allen Kontakthindernissen muß man seinen Hund mit sehr viel Ruhe ausbilden, ihn lehren, die Hindernisse korrekt und insbesondere sicher zu überwinden. Die Geschwindigkeit folgt viel später! Im Training muß man dem Hund beibringen, die Kontaktzone so weit wie möglich nach unten zu gehen - in der Wettbewerbsatmosphäre mit all ihren Aufregungen gehen die Hunde nur sehr selten so weit herunter.

9. DER SLALOM

Der Slalomlauf (weaving poles) ist bei der Agility eines der schwierigsten Hindernisse. Ein Hund, der beim Slalom genau und schnell ist, hat klare Wettbewerbsvorteile. Mancher Klassensieg wurde durch Geschicklichkeit beim Slalom errungen. Deshalb lohnt es sich durchaus, den Hund sorgfältig in dieser Disziplin auszubilden. Eine Reihe von Slalomstangen (acht bis zwölf) mit einer Mindesthöhe von einem Meter sind im Boden befestigt, Abstand zwischen den Pfosten 50-65 cm. Der Hund muß den Kurs mit dem ersten Pfahl zu seiner Linken beginnen, der Linie entlang die Einzelstangen jeweils „umweben", ohne daß er dabei eine Stange ausläßt. Jeder Fehler zwischen den Stangen muß korrigiert werden, ehe man zum nächsten Hindernis weitergeht.

Es gibt mehrere Wege, Slalom zu lehren. Was sich bei dem einen Hund bewährt, versagt beim anderen. Ich habe einer ganzen Anzahl verschiedener Hunde Slalom beigebracht, mit jedem einzelnen habe ich selbst wieder etwas Neues gelernt.

Ich halte nichts davon, den Hund im Slalom zu starkem Biegen zu bringen, ehe er zumindest elf Monate alt ist. Man kann aber auf Schnelligkeit bei dieser Übung schon viel früher trainieren. Bei beiden folgenden Methoden lernt der Hund als erstes die Schnelligkeit. Mit der Ausbildung kann man bereits mit einem sechs Monate alten Junghund beginnen.

Ausbildungsmethode eins

Diese Methode habe ich selbst von Peter Lewis gelernt. Die notwendige Ausrüstung besteht aus zwölf Pfählen und zehn Drähten, jeweils 120 cm lang. Die einzelnen Pfosten werden gemäß nachstehender Zeichnung aufgebaut.

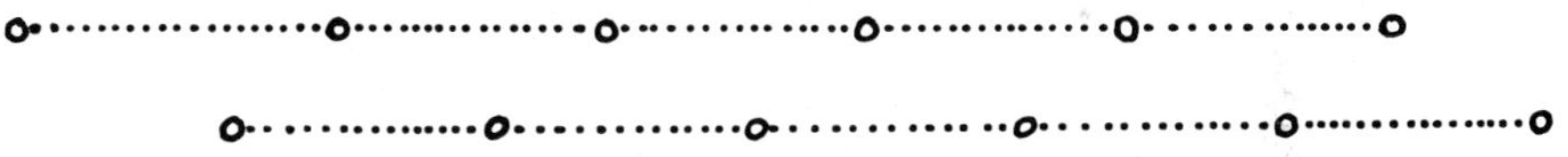

Jeder Draht verbindet zwei Pfähle mit einem Abstand von 120 cm. Die Drähte sind gerade, werden in einer Höhe von ungefähr 6 cm unterhalb der Schulter des Hundes gespannt. Der Abstand von Stange zu Stange ist doppelt so groß wie normal. Anfangs beginnt man mit zwei Linien mit einem Abstand von etwa 45 cm. Im Verlauf des Trainings werden die Pfähle nach und nach näher zusammengebracht, bis der Abstand schließlich etwa der Körperbreite des Hundes entspricht. In diesem Abstand verbleiben sie, bis der Hund alt genug ist, seinen Körper entsprechend zu biegen.

Es ist wichtig, auf jeder Reihe immer die gleiche Anzahl von Stangen zu haben, so daß der Hund von jeder Seite mit der Übung beginnen kann. Es ist ebenso wichtig, daß der erste Pfahl immer auf der linken Seite steht, so daß der Hund sich daran gewöhnt, das Hindernis korrekt anzugehen. Bei Agility muß der Hund immer den Slalom mit der ersten Stange zu seiner Linken beginnen.

Nach dem Stangenaufbau, wie oben dargestellt, werden die nachfolgenden Übungen gearbeitet.

Stufe 1. Mit angeleintem Hund läuft man schnell mitten durch die Stangen, gebraucht dabei von Anfang an bei jeder Übung das Kommando, das man ausgewählt hat (Slalom!). Danach folgt viel Lob und Spiel.

Stufe 2. Man läßt den Hund direkt vor dem Eingang zu den Stangen sitzen, wenn

Eine Anmerkung: Um die Fotos für dieses Kapitel deutlicher zu machen, wurden anstelle von Draht weiße Schnüre verwandt.

notwendig wird er von einem Helfer festgehalten. Der Führer selbst geht bis zum Ende der Stangen, dreht sich um und ruft den Hund zu sich, gebraucht dabei das Slalom-Kommando verbunden mit „Hier!". Viel Lob und Spiel!

Stufe 3. Man läßt den Hund am Anfang der Strecke warten, geht durch und legt am Ende der Stangen ein Spielzeug oder einen Leckerbissen ab. Danach kehrt man

zum Hund zurück und schickt ihn durch die Stangen zum Spielzeug oder Leckerbissen. Es folgen Lob und Spiel.

Stufe 4. Verfügt man über genügend Geschicklichkeit, wird das Spielzeug geworfen. Man muß aber sicher sein, daß es innerhalb der Linien zwischen den Stangen zu Boden fällt. Man schickt den Hund, das Spielzeug zu apportieren, ruft ihn dann durch die Stangen zu sich zurück. Viel Lob und Spiel!

Stufe 5. Bildet man nach dieser Methode einen älteren Hund aus, stellt man einige Meter vom Ende der Stangen eine kleine Hürde auf und wirft das Spielzeug hinter diese Hürde. Jetzt wird der Hund durch die Stangen geschickt, er springt über das Hindernis, um das Spielzeug zu apportieren. Danach kehrt er über das Hindernis wieder zurück, wiederum zwischen den Stangen, und es folgen Lob und Spiel.

Stufe 6. Hat die Ausbildung des Hundes entsprechende Fortschritte gemacht und beherrscht er das Kommando BLEIB, läßt man den Hund am Anfang des Slaloms warten. Nun geht man durch den Slalom, plaziert das Spielzeug, kehrt zum Hund zurück und schickt ihn, das Spielzeug zu apportieren. Diese Warteübung macht den Hund begieriger, er will schnell apportieren.

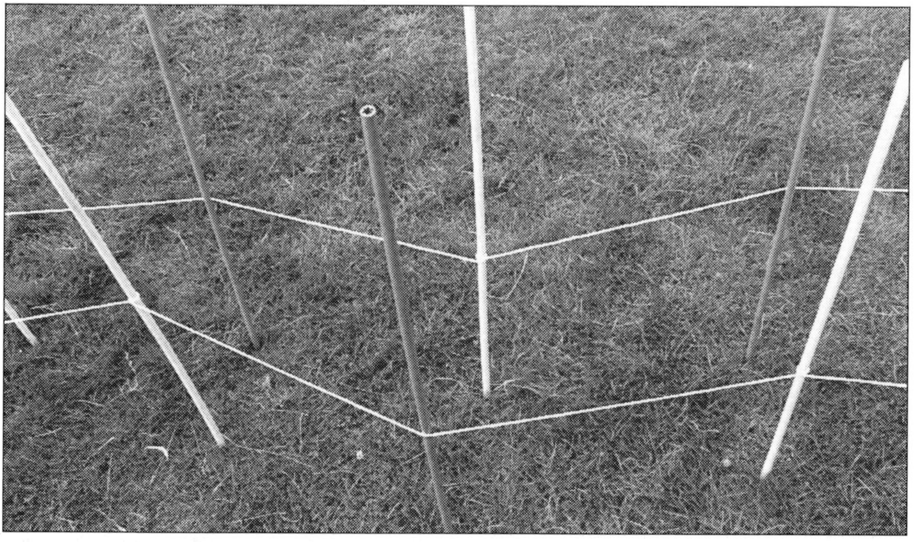

Da bei obigem Foto anstelle von Draht Schnüre gespannt wurden, um die Biegungen zu illustrieren, brauchten wir zusätzliche dunkle Pfähle.

Durch alle diese Übungen werden die Slalomstangen für den Hund zum großen Ereignis, er wird immer arbeitsfreudiger. Wichtig ist Lob und Spiel nach jeder Übung. Vorstehende Übungen wiederholt man zwei- bis dreimal täglich, beschränkt die Übungen aber auf jeweils wenige Minuten. Bald hat sich der Junghund an die Stangen gewöhnt und liebt diese Übungen. Nie darf man vergessen, immer das Kommando SLALOM zu gebrauchen.

Ist der Hund alt genug, um seinen Körper zu biegen, undhat er sehr viel Grundlagentraining hinter sich, wird ganz langsam - nach und nach - der Draht gebogen, die Pfähle

Achtung: *Die dunklen Pfähle auf den Abbildungen fallen weg, wenn man das Hindernis mit Draht spannt.*

näher aneinander gerückt. Niemals darf man diesen Prozeß überstürzen. Man bewegt die Pfähle jeweils nur um etwa 1 - 1,5 cm.

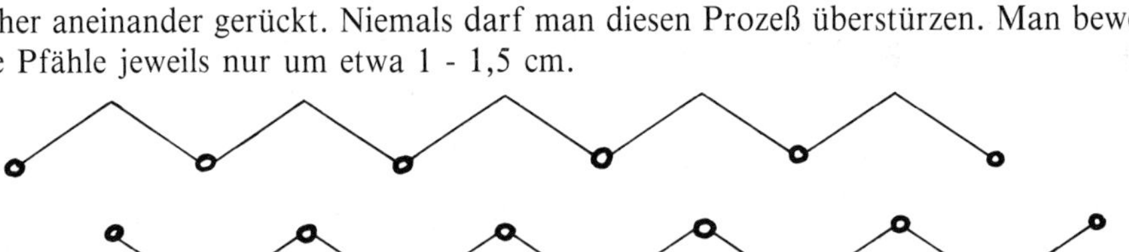

Wenn man die Pfähle langsam nach innen versetzt, muß der Hund damit anfangen, seinen Körper zu biegen, um hindurch zu kommen. Die Übungen zwei bis sechs werden jedesmal, nachdem man den Abstand verringert hat, mehrfach wiederholt. In diesem Ausbildungsstadium darf man nie zu schnell vorgehen, oder der Hund wird über die Drähte nach außen springen.

Schließlich stehen die Slalomstangen in gerader Linie, noch immer aber bleibt der Draht damit verbunden. Manchmal muß man die Länge der Drähte erweitern, um eine maximale Biegung zu erreichen, der Abstand zwischen den Pfählen bleibt aber immer bei etwa 45 cm.

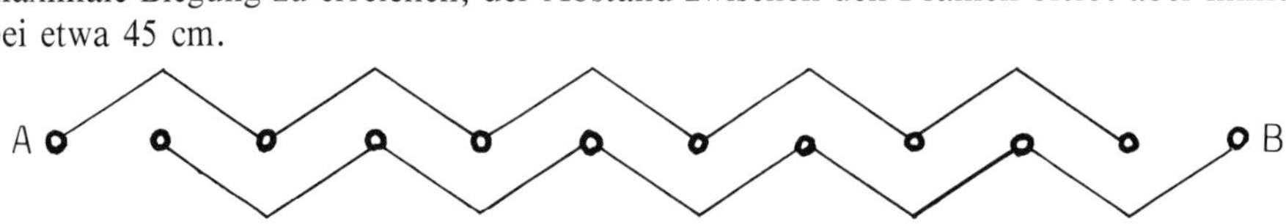

Dieses Training wird über einen längeren Zeitraum fortgesetzt, bis der Hund wirklich geübt ist. Dann entfernt man nach und nach die Drähte. Man beginnt damit in der Mitte und läßt die Drähte bei A und B bis zuletzt. Lassen Sie sich Zeit, die Drähte bei A und B zu entfernen, dadurch sichert man den korrekten Einlauf zwischen die Pfähle.

Ausbildungsmethode zwei

Nachstehende Ausbildungsmethode habe ich von Malcolm Bassett gelernt. Als Ausrüstung braucht man 12 Stangen.

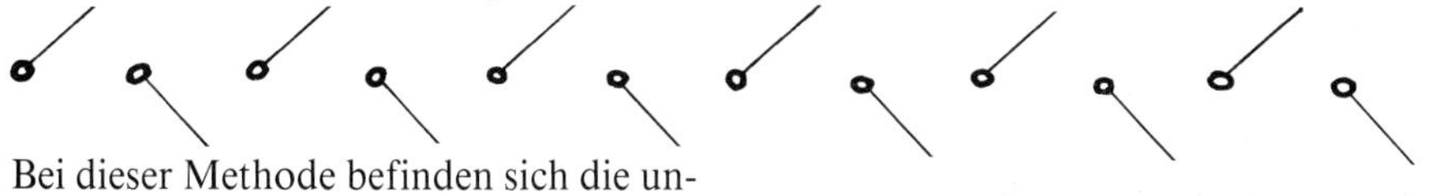

Bei dieser Methode befinden sich die unteren Enden der einzelnen Stangen in einer geraden Linie, die Pfähle selbst aber stehen nach den jeweiligen Seiten im Winkel ab.

Wiederum steht die erste Stange zur Linken, und man nimmt immer die gleiche Anzahl an Stangen. Zunächst werden die einzelnen Stangen nur etwa in einer Höhe von 25 cm über der Horizontalen gesteckt und wie bei der Ausbildungsmethode eins kann der Hund mittendurch galoppieren. Mit so aufgebauten Stangen können alle die Einzelübungen aus der Methode eins durchgearbeitet werden.

Ist der Hund alt genug, um seinen Körper biegen zu können, werden die Stangen

ganz langsam, nach und nach, immer mehr aufgerichtet. Ohne es zu merken beginnt der Hund, sich immer mehr zu biegen.

Viele Wege führen nach Rom!

Beide aufgezeigten Methoden lehren als erstes Schnelligkeit. Aber es gibt auch andere Ausbildungsmethoden, die mit Erfolg angewandt werden können. Hierzu gehören das Biegen des angeleinten Hundes rund um normal aufgestellte Stangen oder auch der Gebrauch eines Spielzeugs oder Leckerbissens, um den Hund dazu zu bringen, sich nach innen und außen zu bewegen. Dies kann durchaus erfolgreich sein, aber dann muß man später die Schnelligkeit aufbauen. Manchmal führt auch eine Kombination mehrerer Methoden zum Ziel.

Bei der Ausbildung von Heidi, meinem Border Collie, begann ich im Alter von sechs Monaten mit der Methode eins. Dies erwies sich als recht erfolgreich, bis ich anfing, die Drähte zu biegen. Ganz gleich, wie geringfügig die Biegung war, sobald die Hündin den Widerstand durch den Draht fühlte, sprang sie aus dem Slalom hinaus, anstatt sich zu biegen. Ich wechselte auf Methode zwei über. Wiederum dasselbe Bild. Solange sie geradedurch laufen konnte, war alles in Ordnung, bald preschte Heidi freudig durch die Stangen. Sobald sie aber aufrechter standen, sie sich durchdrücken mußte, sprang sie aus dem Slalom.

Schließlich ging ich auf die Methode zurück, mit der ich ursprünglich meine Sheltie-Hündin Riki ausbildete. Die Stangen standen wie beim Wettbewerb, und ich benutzte ein Spielzeug oder einen Leckerbissen, um den Hund durchzuführen. Nach nur ganz wenigen Tagen war der Groschen gefallen, Heidi hatte Spaß an der Übung. Sie hatte begriffen, was ich von ihr wünschte, und jetzt zahlte sich all die frühere Ausbildung auf Schnelligkeit voll aus. Sehr bald konnte sie sich in voller

Der Hund beginnt und vollendet den Stangenslalom völlig korrekt, selbst wenn sein Führer auf der gegenüberliegenden Seite steht.

Geschwindigkeit durch normal aufgestellte Pfosten „durchweben". Bei Heidi war es die Kombination verschiedener Methoden, die zum Erfolg führte, aber ich bin ganz sicher, entscheidend war das frühe Schnelligkeitstraining, das sie so begeisterte, durch die Stangen zu laufen. Dies führte dazu, daß sie das Hindurchweben wirklich aus ganzem Herzen liebte.

Wenn ein Hund sich erst einmal gut um die Stangen biegt, muß man ihn daran gewöhnen, sich korrekt aus jedem verschiedenartigen Winkel ins Hindernis einzureihen, nach Möglichkeit ganz aus eigenem Antrieb. Fest steht, Slalom zu lehren braucht viel Zeit, und selbst wenn der Hund es gelernt hat, bedarf es sehr viel Praxis, ehe der Hund diese Aufgabe wirklich beherrscht.

Heute meistert Heidi den Slalom perfekt, aber es dauerte immerhin zwölf Monate vom ersten Wettbewerb an, ehe ich ihr voll vertrauen konnte, daß sie sich ganz von alleine korrekt in den Slalom einwob. Vor diesem Zeitpunkt hatte ich ihr beigebracht, auf mich zu warten, bis ich an ihrer Seite war und ihr zeigte, wie sie an der richtigen Stange den Slalom beginnen sollte. Nach weiteren sechs Monaten Praxis konnte sie die Stangen - wenn erforderlich - auch dann passieren, wenn ich mich auf der gegenüberliegenden Seite befand.

Nie sollte man bei den ersten Schwierigkeiten aufgeben. Mit Geduld kommt man zum Ziel. Es macht viel Freude, einen Hund, der sich im Slalom gut biegt, zu beobachten. Immer denke man daran, daß Allerwichtigste ist, dem Hund die Freude am Slalom zu erhalten!

10. WEITERE HINDERNISSE

Anhaltezone (Pause Box)

Heutzutage wird dieses Hindernis bei Wettbewerben seltener gebraucht. Aber für die Ausbildung des Hundes ist es trotzdem immer eine recht nützliche Übung.

Die Haltezone besteht in der Regel aus einer Grundfläche von 120 cm mal 120 cm. Verfügt man über keinen hölzernen Rahmen, kann man ganz einfach vier Bänder am Boden befestigen. Für jede Übungsstunde sollte man die Haltebox immer am selben Ort festlegen.

Von Anfang an entscheide man sich, welches Kommando man verwendet - ich bevorzuge das Kommando „Box", gefolgt von dem Kommando „Down", wenn der Hund in der Box ist. Kennt ein Hund das Kommando „Box", schaut er ganz von selbst nach der Box, eine große Hilfe, wenn er dem Führer vorausläuft.

Stufe 1. Der Führer läuft in schneller Gangart mit angeleintem Hund, gibt das Kommando „Box", zeigt dem Hund die Richtung. Hat der Hund das Boxenquadrat erreicht, wird er in die Position „Down" befohlen, nach kurzer Wartezeit viel Lob und Spiel! Diese Übung wird mehrmals wiederholt.

Stufe 2. Man läßt den Hund einige Meter vor der Box warten, geht zur Box und kniet selbst in oder hinter der Box nieder. Man ruft den Hund, gibt das Kommando „Box"; ist der Hund in der Box, folgt das Kommando „Down". Viel Lob und Spiel!

Der Führer ruft den Hund in die Box, zeigt ein Spielzeug, um den Hund zu ermuntern.

Stufe 3. Für den Hund deutlich sichtbar legt man ein Spielzeug oder einen Leckerbissen in die Box. Aus einer Entfernung von einigen Metern schickt man den Hund in Richtung Box. Der Führer läuft hinter dem Hund auf die Box zu, es erfolgt das Kommando „Down", nach kurzer Pause viel Lob und Spiel. Wahrscheinlich frißt der Hund vor dem Down den angebotenen Leckerbissen.

Stufe 4. Der Führer tut so, als lege er einen Leckerbissen oder ein Spielzeug in die Box, dann wird der Hund zur Box geschickt. Der Führer läuft dicht hinter dem Hund, um ihm Leckerbissen oder Spielzeug sofort zu geben sobald er in der Stellung „Down" in der Box liegt. Viel Lob und Spiel!

Stufe 5. Hat sich der Hund daran gewöhnt, fröhlich zur Box zu laufen, schickt man ihn zur Box, jedoch ohne Leckerbissen oder Spielzeug anzubieten. Wichtig ist es, den Hund tüchtig zu loben, wenn er in der Postition „Down" in der Box verharrt.

Stufe 6. Bei einem Hund, der für Sprünge alt genug ist, wird in einer Linie vor der Box eine Hürde aufgestellt. Dann wiederholt man vorstehende verschiedene Übungen, wobei der Hund zunächst über die Hürde springen muß.

Tisch

Wenn kein niedriger Ausbildungstisch vorhanden ist, muß der Hund vor der Arbeit mit dem Tisch gelernt haben, 75 cm Höhe freudig zu überspringen.

Es gibt zwei Ausbildungshilfen, die den sicheren Sprung auf den Tisch erleichtern: Die eine besteht darin, einen kleineren Tisch oder ein fest mit dem Tisch verbundenes Podest etwa in halber Höhe neben dem Tisch aufzubauen. Dies wird von dem Hund als eine Art Treppe benutzt.

Die zweite Methode, die auch in Verbindung mit der ersten eingesetzt werden kann, besteht darin, ein Stück Teppich über den Tisch herunterhängen zu lassen, und zwar so, daß er den Hohlraum verdeckt. Wenn man diesen Hohlraum nicht

abdeckt, scheint dies eine ganze Anzahl von Hunden bei den ersten Versuchen davon abzuhalten, auf den Tisch zu springen.

Der Führer nähert sich mit dem angeleinten Hund dem Tisch, gibt das selbstgewählte Kommando und hilft dem Hund beim Sprung auf den Tisch. Anfänglich kann man auch das allgemein gewählte Sprungkommando einsetzen, sollte dies aber so bald wie möglich fallen lassen. Ist der Hund auf den Tisch gesprungen, gibt es viel Lob und Spiel.

In diesem Anfangsstadium sollte man nie darauf bestehen, den Hund in die Position „Down" zu legen. Vielmehr geht es darum, ihn glücklich zu machen, daß er den Sprung auf den Tisch geschafft hat. Ist der Hund erst einmal bei dieser Übung angeleint völlig sicher, versucht man es ohne Leine, läuft aber selbst noch immer mit dem Hund zum Tisch. Spä-

ter wird ein Leckerbissen oder ein Spielzeug auf den Tisch gelegt und der Hund aus einem Abstand von einigen Metern zum Tisch geschickt.

Einem wirklich nervösen Hund - nervös hinsichtlich des Sprungs auf den Tisch - kann man dadurch helfen, daß der Führer auf dem Tisch kniet, den Hund zu sich ruft, und ein Helfer den Hund führt.

Nach meiner Erfahrung ist es ganz selten ein Problem, den Hund auf den Tisch zu bekommen. Die viel größere Schwierigkeit besteht darin, daß er sich richtig niederlegt. Natürlich muß gerade der Anfänger als Führer zunächst in der Lage sein, den Hund auf dem flachen Boden auf Kommando in die Position „Down" zu bringen, ehe er dies auf dem Tisch versucht. Ein wichtiger Punkt, auf den man immer achten sollte: der Führer befiehlt „Down" und stellt fest, daß sein Hund vom Tisch herunterspringt. Oft benutzen Hundehalter dieses Kommando auch zu Hause, wenn ihr Hund es sich auf Polstermöbeln gemütlich gemacht hat, hierdurch kommt es zu Verwechslungen. In solchen Fällen (zu Hause) muß man immer ein abweichendes Kommando wählen, etwa „runter".

Ein weiteres Problem - Hunde, die in voller Fahrt auf den Tisch springen und dadurch wieder herunterrutschen. In einem solchen Fall lehrt man den Hund erst zu warten, ehe er auf den Tisch springt. Manchmal hilft es schon, im Augenblick, da der Hund auf den Tisch aufsetzt, das Kommando „Wait" oder „Stay" (Warten, Bleib) zu geben, ehe das Kommando „Down" folgt.

Fühlt sich der Hund auf dem Tisch liegend sicher und zufrieden, sollte der Führer einmal den Tisch umrunden oder zu einem anderen Hindernis und wieder zurück laufen, um sicherzustellen, daß der Hund wirklich ruhig auf dem Tisch verharrt.

Im Training, bei dem man im allgemeinen eine 5-Sekunden-Wartezeit wählt, darf der Hund nie vom Tisch springen, ohne das Kommando „Go" (Los!). Man läßt den Hund immer ein paar Sekunden länger warten, sonst hat man bald einen Hund, der im Wettbewerb das Zählen vorwegnimmt und vorzeitig startet.

Tunnel

Wenn es nicht gerade besonders naß ist, hat man mit Tunnels nur sehr selten Schwierigkeiten. Hat man die Hunde erst einmal an Tunnels gewöhnt, lieben viele sie so sehr,

daß in der Regel das Problem darin besteht, sie davon abzuhalten, sich in den Tunnel zu stürzen, obwohl sie ein anderes Hindernis nehmen sollen.

Der Tunnel ist das einzige Hindernis, das ich auch mit einem Welpen übe. Die meisten meiner Hunde haben Tunnels dadurch schnell und leicht gelernt, daß sie einem älteren Hund folgten. Gerade kleine Welpen scheinen vor dunklen Räumen keinerlei Furcht zu haben, die manchmal

Der Junghund folgt dem älteren Hund zuerst durch den faltbaren, dann durch den festen Tunnel.

bei älteren Hunden auftritt. Sie lieben geradezu diese Übung. Wenn man bei einem älteren Hund mit der Arbeit am Tunnel beginnt, ist es nach meiner Erfahrung das Beste, zuerst mit dem faltbaren Stofftunnel zu beginnen. Hierfür gibt es zwei Gründe: zum einen - viele Hunde mögen anfänglich im festen Tunnel weder den Klang noch das Gefühl an den Krallen; zum anderen kann man den Stofftunnel zusammenschieben, so daß sich der Hund anfänglich nur über kurze Entfernungen durch den Tunnel bewegt. Zugegeben, man kann auch den festen Tunnel zusammenschieben, er besteht aus flexiblem Material. Aber nach meiner Erfahrung bevorzugen die meisten Hunde den Stofftunnel.

Zu Beginn hält ein Helfer den Hund am Tunneleingang, während sich der Führer zum Ende des Tunnels begibt, ihn zusammenschiebt und aufhält, durch den Tunnel schaut, um seinen Hund zu sehen, ehe er ihn ruft. Wenn nötig kann die

Leine auch durch den Tunnel zum Führer durchgezogen werden. Immer achte man darauf, daß der Hund nach seinem Führer schaut, ehe man ihn ruft. Anderenfalls könnte er versucht sein, außen vorbei zum Führer zu laufen. Sobald der Hund beim Führer ankommt, wird er tüchtig gelobt.

Die Übung wird mehrfach wiederholt. Hat sich der Hund an den Tunnel gewöhnt, wird die Länge vergrößert. Nach meiner Erfahrung fühlen sich die meisten Hunde nach

einigen Übungen mit diesem Hindernis recht vertraut und durchlaufen danach auch den feststehenden Tunnel ohne irgendwelche Schwierigkeiten. Gibt es dennoch mit einem sehr nervösen Hund Probleme, ist es durchaus möglich und macht sogar Spaß, wenn der Führer gemeinsam mit dem Hund durch den festen Tunnel kriecht.

Mit zunehmender Gewöhnung des Hundes wird die Länge des Tunnels immer

mehr vergrößert. Im Anfangsstadium der Ausbildung hebt ein zweiter Helfer die Tunnelmitte leicht an.

Passiert der Hund den Tunnel fröhlich, sollte der Führer versuchen, ihn ohne zusätzliche Hilfe eines Assistenten durchzuschicken. Bei dieser Übung sollte man sich immer vergewissern, daß der Hund schon weit im Tunnel vorangekommen ist, ehe man selbst am Tunnel vorbeiläuft und ihn ruft. Anderfalls könnte der Hund umdrehen und den Tunnel wieder am Eingang verlassen.

Wann immer man den Falttunnel benutzt, muß man sich sorgfältig vergewissern, daß er gerade liegt, ehe man den Hund durchschickt. Verfängt sich ein Hund einmal im Tunnel, kann dies zu Panik führen und ihn auf lange Zeit tunnelscheu machen.

Reifen

Der Anfängerhund wird bei diesem Hindernis mit einem feststehenden Reifen vertraut gemacht. Anfangs muß man den Reifen so nahe am Boden wie möglich aufstellen, so daß der Hund keinerlei Chance hat, unter ihm durchzukriechen.

Von Beginn an wird festgelegt, welches Kommando man verwendet. Ich

mag das allgemeine Kommando „jump" (hopp) weniger, es könnte den Hund veranlassen, über das gesamte Hindernis zu springen. Die zielgerichteten Kommandos lauten „hoop", „tyre" oder „through" (Reifen, durch!)

Die Leine wird durch den Reifen geführt und der Führer ruft den Hund hindurch.

Der nächste Schritt: Während ein Helfer den Hund in kurzem Abstand zum Reifen festhält, geht der Führer zur anderen Seite, stellt sich dort auf. Mit der Hand zeigt er seinem Hund, wo er durchspringen soll, ruft ihn mit dem Kommando „Reifen! Hier!". Man kann dem Hund auch in der Reifenmitte einen Leckerbissen zeigen, Hand und Leckerbissen bewegen sich, wenn der Hund zum Sprung ansetzt, rückwärts. Hat er den Reifen durchsprungen, folgt viel Lob und Spiel, erhält er den Leckerbissen. Diese Übung wird mehrfach wiederholt, bis sich der Hund recht sicher fühlt.

Danach schickt der Führer den Hund ohne Helfer durch den Reifen. In diesem Ausbildungsstadium läßt man den Hund nie durch den Reifen zurückspringen, führt ihn vielmehr um das Hindernis zurück, um wieder von der gleichen Seite zu beginnen oder übt dazwischen an einem anderen Hindernis.

Hat der Hund erst einmal gelernt, sicher durch einen niedrig hängenden Reifen zu springen, wird die Höhe nach und nach gesteigert. Oft ist dies nicht möglich, und der Hund muß sich von der ursprünglich sehr niedrigen Reifenstellung direkt zur normalen Höhe umgewöhnen. In diesem Fall hilft es viel, anfänglich den Zwischenraum unter dem Reifen zu blockieren. Wiederum geht man rückwärts, läßt einen Helfer den Hund festhalten. Dann ruft der Führer den Hund durch den Reifen, erforderlichenfalls wieder unter Zuhilfenahme von Leckerbissen, bis der Hund sich auch bei voller Höhe absolut sicher fühlt.

Hat der Hund erst einmal gelernt, den Reifen in voller Höhe zu durchspringen, sollte dieser nie mehr abgesenkt und wieder erhöht werden. Der Hund gewöhnt

Bei den Anfangsübungen wird der Zwischrnraum bei normaler Reifenhöhe blockiert.

sich an diese Höhe. Wenn die Höhe weiter verändert wird, verschätzt sich der Hund unter Umständen, mit dem Risiko einer Verletzung.

Sowohl beim Anfängerhund wie auch beim fortgeschrittenen achte man immer darauf, daß der Hund in gerader Linie zum Reifen sitzt, ehe man ihn hindurchschickt. In aller Regel verhindert dies, daß ein Hund seitlich durchspringt, sichert eine ungefährdete Passage des Reifens.

Weitsprung

Bei der Ausbildung zum Weitsprung lege ich die einzelnen Kästen auf einer Länge von etwa einem Meter jeweils auf die Kanten. Hierdurch wird der Hund davon

*Was man einen Hund **nie lehren** sollte! Dieser Jack Russell sieht den Weitsprung als eine Linie einzelner Schrittsteine an!*

abgehalten, über die Bretter zu laufen. Dann lege ich eine niedrige Stange (etwa 40 cm hoch) in die Mitte über die Einzelkästen. Bei einem solchen Hürdenaufbau braucht man keine zusätzlichen Eckpfosten, die dem Führer bei der Arbeit mit der Leine im Weg sein könnten. Aufgrund der Mittelstange überspringt der Hund ein Hindernis, an das er schon gewöhnt ist. Damit trainiert man ihn auch bereits auf die Höhe des Weitsprungs. Ein Hund, der über den Weitsprung nur rüberrutscht, ist immer in Gefahr, das letzte Brett umzuwerfen.

Mit seitlich gelegten Kästen und einer Stange in der Mitte wird ein guter Sprung erreicht.

Zunächst läuft der Führer mit angeleintem Hund auf das Hindernis zu. Es folgt das gewöhnliche Sprungkommando, und mit Hilfe der Leine wird der Hund leicht über den Sprung gehoben. Viel Lob und Spiel! Jetzt weiß der Hund, daß er springen soll. Man wiederholt diese Übung, wählt aber jetzt das neue Kommando für einen Weitsprung. Ich bevorzuge unterschiedliche Kommandos, beim Weitsprung zum Beispiel „long". Anfangs mag es notwendig sein, beide Kommandos zu verwenden. Sobald als möglich sollte man aber das Kommando „jump" (hopp) fallen lassen. Fühlt sich der Hund bei dieser Weite sicher, wird die Tiefe des Hindernisses langsam auf bis zu 1,50 m (Kleinhunde 90 cm) erweitert. Noch immer werden die Einzelelemente seitlich gelagert, bleibt die Stange in der Mitte. Abschließend werden die Einzelelemente aufrecht gestellt, zunächst das Element in der Mitte, nach und nach auch die anderen, so daß der Hund sich nicht plötzlich fünf Trittschwellen gegenüber sieht. Hat der Hund dann den Weitsprung ohne Leine gelernt, auch ohne Mittelstange, werden die vier Eckpfosten aufgebaut, um damit zu verhindern, daß der Hund quer springt.

Nach und nach werden die Elemente aufgerichtet, zunächst das Mittelelement.

Bei diesem Sprung stehen drei Elemente aufrecht. Man achte auf die gute Höhe, mit der dieser Hund das Hindernis überwindet.

Jetzt stehen alle Einzelelemente aufrecht, aber noch immer bleibt die mittlere Stange, um den Hund zur richtigen Sprunghöhe zu veranlassen.

Die mittlere Stange wird abschließend weggenommen, dann werden Eckstangen eingerammt um den Hund davon abzuhalten, quer über das Hindernis zu springen.

New Pedigree chum
ORIGINAL
AGILITY STAKES

11. VERSCHIEDENE ARTEN VON HÜRDEN

Hat der Hund beim Springen Freude und Sicherheit gewonnen, sollte er an verschiedenen Hürdenarten so viel Erfahrung bekommen wie möglich. Wenn er dann eines Tages im Wettbewerb auf ein ihm fremd erscheinendes Hindernis stößt, wird er die notwendige Sprungfreude haben, um es sicher zu überwinden. Der Führer sollte versuchen, seinem Hund an allen nachstehenden Hürden so viel Erfahrung wie möglich zu vermitteln.

Parallele Planken (durchbrochene Flächen)

Diese bereiten in aller Regel keine Probleme, es sei denn, sie erschienen dem Hund zu massiv, und er setzt zum Beispiel beim Sprung auf.

Gatter

Dieses Hindernis hat in der Regel einen oberen Querbalken und sollte für den Hund recht einfach sein.

Bürstenhürde (Brush)

Hier findet man meist eine leicht abnehmbare obere Hürdeneinheit - in der Regel eine Stange. An Bürstenhindernissen werden selten Seitenausleger angebracht, man muß deshalb besonders darauf achten, daß der Hund das Hindernis nicht seitlich umgeht.

Mauer (Wall)

Dieses Hindernis sollte oben immer abnehmbare Ziegel aufweisen. Da es für den Hund zum Aufsetzen besonders einladend ist, sollte ein Hund bereits sicher und freudig Hindernisse von 80 cm Höhe überwinden, ehe man mit der Arbeit an der Mauer beginnt.

In der Ausbildung muß man darauf bestehen, daß der Hund frei überspringt; Aufsetzen auch mit nur einer Pfote darf nicht gestattet werden, selbst wenn der Ziegel liegen bleibt. Bei Fehler immer Wiederholung, bis das Hindernis frei übersprungen wird.

Einzelstange

Man sollte einen Hund immer das Überspringen von Einzelstangen lehren, dann weiß man auch mit Sicherheit, daß er auf Kommando springt, nicht nur, weil ihm ein Hindernis im Wege steht. Meistens trainiere ich meine Hunde mit Einzelstangen-Hürden. Sollte der Hund unten durchlaufen, wird die Sprunghöhe

verringert, dann folgen einige Wiederholungen angeleint, in aller Regel ist damit das Problem gelöst. Eine weitere Hilfe besteht darin, unter den Sprung eine Stange direkt auf den Boden zu legen, dadurch entsteht für den Hund eine klare Grundlinie.

Doppelhürde (Spread)

Um eine Doppelhürde aufzubauen, werden zwei Einzelhürden zusammengestellt. Setzt man beide Hürden auf gleiche Höhe, sollte der Abstand 60 cm nicht übersteigen. Ist die obere Stange der ersten Hürde zumindest um 15 cm niedriger als die der zweiten, darf die Maximalweite bei etwa 75 cm liegen.

Im Training sollte man bei der ersten Hürde immer eine niedriger gestellte zweite Stange haben, die dem Hund eine Grundlinie vermittelt. Mit diesem Hindernis beginnt man in der Ausbildung mit einer Höhe von maximal 60 cm, die Stange der ersten Hürde liegt um 15 cm niedriger. Erst mit zunehmender Sicherheit werden die Stangen auf gleiche Höhe gebracht.

Nach meiner Erfahrung ist das Training mit Doppelhürden am leichtesten, wenn man die Geräte für einen kurzen Weitsprung (etwa 90 cm) verwendet und die Doppelhürde darüber aufbaut. Mit dem ersten Balken des Weitsprungs hat der Hund die richtige Grundlinie, und er ist bereits daran gewöhnt, eine solche Breite zu überspringen.

Zu Beginn wähle ich eine Höhe von 45 cm, bei einer Weite von 30 cm, vergrößere nach und nach die Höhe, wobei immer die hintere (zweite) Stange als erste angehoben wird. Langsam vergrößere ich auch die Weite zwischen den zwei Hürden, bis der Hund eine Doppelhürde von 60 cm Weite überspringt. Schließlich nehme ich die Elemente aus dem Weitsprung wieder weg, ersetze sie durch eine niedrige Bodenstange, um für den Hund eine Grundlinie zu schaffen. Nach meiner Erfahrung sind Doppelhürden nach dieser Trainingsmethode selten für die Hunde ein Problem. Einige Ausbilder meinen, daß ein leicht differenziertes Sprungkommando den Hunden hilft, ihnen klar anzeigt, daß es sich um eine Doppelhürde handelt.

Wassergraben

Bei diesem Hindernis handelt es sich ganz einfach um einen optisch anders aussehenden Weitsprung. Die Ausbildungsmethoden sind die gleichen.

Brunnen

Dieses Hindernis hat immer einen abnehmbaren Aufbau. Bei diesem Sprung können zwei Probleme auftreten. Zum einen gibt es Hunde, die ungerne unter einem Dach durchspringen; in solchen Fällen kann es sich als nützlich erweisen, das Kommando „through" (durch) zu wählen - dem Hund vom Reifen vertraut - anstelle des Kommandos „jump" (hopp). Zum zweiten ist es für den Hund verhältnismäßig leicht, auf dem Brunnen zu stehen. Das kostet ihn aber fünf Fehlerpunkte, selbst wenn er dabei die Stange nicht abwirft.

Zunächst muß man sich vergewissern, daß der Hund absolut sicher eine Höhe von 75 cm überspringt und auch Doppelhürden beherrscht, ehe man sich an das Training mit dem Brunnen begibt. Man muß dem Hund genügend Anlauf geben, darf ihn nie aus dem Stand springen lassen, weil das geradezu das Auffußen herausfordert!

Bei den ersten Übungen an diesem Hindernis stelle ich immer eine Hürde, deren Stange in gleicher Höhe mit der Brunnenoberfläche liegt, vor den Brunnen. Ich lege außerdem eine Stange auf den Boden, um dem Hund eine Grundlinie zu verschaffen. Auf diese Art ähnelt der Brunnen weitgehend den Doppelhürden, die der Hund zu überspringen gewöhnt ist; insbesondere wird aber der Hund davon abgehalten, auf der Brunnenoberfläche aufzufußen.

12. SPRUNGÜBUNGEN UND KONTROLLTRAINING

Nachstehende Kontrollübungen sind in erster Linie für den Anfängerhund gedacht, mit Einzelsprüngen, die bis auf 15 cm heruntergesetzt werden. Für große Hunde muß man diese möglicherweise auf 30 cm anheben, um sie daran zu hindern, einfach darüberzulaufen.

Die gleichen Hindernisse werden für fortgeschrittene Hunde dann bis auf volle Höhe eingestellt. Sie ermöglichen ein vorzügliches Kontrolltraining und tragen dazu bei, dem Hund immer mehr Geschicklichkeit über die Hindernisse zu vermitteln. Sie steigern gleichzeitig die Aufmerksamkeit gegenüber dem Führer.

Beim Anfängerhund können für die Hindernisse mehrere Stangen verwendet werden, um zu verhindern, daß er unten durchbricht. Mit dem erfahreneren Hund arbeitet man am besten auf den Einsatz von Einzelstangen hin.

Alle Übungen können mit dem Hund links oder rechts vom Führer durchgeführt werden. Bei einigen Hindernissen ist es allerdings viel besser, wenn der Hund auf einer bestimmten Seite geführt wird. Wenn notwendig, weise ich auf die Führerposition hin, die ich für die Beste halte. Der einzelne Hundeführer sollte dies aber selbst erproben und die für den eigenen Hund geeignetste Seite wählen.

Wie bei allem im Agility-Training - immer steht die Sicherheit des Hundes im Vordergrund! Man sollte bei diesen Übungen alle anderen Hindernisse weit genug

wegräumen, so daß für den Hund keine Gefahr einer Kollision oder Ablenkung von der Übung, die er gerade lernt, besteht. Alle Hindernisse müssen immer von beiden Seiten gesprungen werden können. Deshalb vergewissere man sich, daß die Stangen von jeder Seite abgeworfen werden können.

Es ist durchaus nicht beabsichtigt, daß alle einzelnen Stadien einer Übung in der gleichen Ausbildungsstunde durchgeführt werden müssen. Aber es ist viel leichter, alle möglichen Variationen gleichzeitig zu erklären. Wie viel der Führer in der einzelnen Übung durchnimmt, hängt in erster Linie vom eigenen Hund ab.

Einige Hunde sind bei recht intensiven Trainingsstunden fröhlich und arbeitsfreudig, andere ermüden, werden unlustig. Man darf nie versuchen, zuviel zu verlangen, die Freude an der Arbeit muß erhalten bleiben. Immer beendet man die Ausbildungsstunde mit Übungen, die der Hund bereits beherrscht, woran er Spaß hat. Denken Sie daran - sehr viel Lob und Spiel sind die Grundlagen für jeden Erfolg in Agility.

Zeichenerklärung

	Sprung ohne Seitenausleger
	Sprung mit Seitenausleger
×	Startposition des Hundes
⊗	Startposition des Führers
- - - - - - -	Wegstrecke des Hundes
· · · · · · · · ·	Wegstrecke des Führers

Übungskurs 1

Zweck der Übung ist es, den Hund zu lehren, ausschließlich auf Kommando des Führers zu springen, nicht etwa, weil ein Hindernis vor ihm steht. Weiteres Ausbildungsziel ist, daß der Hund lernt, auf beiden Seiten seines Führers zu arbeiten.

Ausrüstung - Kreis mit vier Sprüngen, aufgestellt im Uhrzeigersinn auf drei Uhr, sechs Uhr, neun und zwölf Uhr. Zwischen den einzelnen Hindernissen zumindest acht Schritte Abstand.

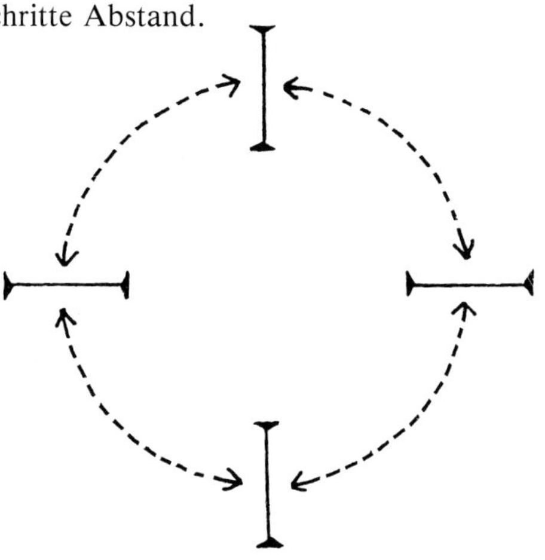

8 Schritte Abstand zwischen jedem Hindernis

1. Führer und Hund laufen im Uhrzeigersinn rund um den Kreis, der Hund überspringt nacheinander jede Hürde, arbeitet dabei links vom Führer; viel Lob und Spiel.

2. Lauf entgegen dem Uhrzeigersinn, wobei der Hund wiederum jede Hürde überspringt, aber auf der rechten Seite des Führers arbeitet; viel Lob und Spiel.

Fühlt sich der Hund rechts vom Führer sehr unsicher, läuft man zuerst einige Male mit dem Hund zur Linken, dabei muß der Führer natürlich einen sehr viel weiteren Weg gehen.

3. Erneuter Lauf im Uhrzeigersinn, Hund zur Linken des Führers. Auf jedes Hindernis wird zugelaufen, dann erfolgt das Kommando „wait" (warten). Wenn notwendig muß der Hund zur Ordnung gerufen werden. Danach wartet man ein paar Sekunden, dann erfolgt das Kommando „jump" (hopp), und die Hürde wird überwunden. Viel Lob und Spiel.

4. Wiederholung der Übung drei, dieses Mal aber entgegen dem Uhrzeigersinn; der Hund wird rechts geführt.

5. Lauf im Uhrzeigersinn, der Hund zur Linken. Hindernis eins wird übersprungen, danach muß der Hund einige Sekunden vor Sprung zwei warten, dann erfolgen direkt hintereinander die Sprünge zwei und drei, vor Hindernis vier muß der Hund erneut warten. Viel Lob und Spiel!

6. Lauf im Uhrzeigersinn, der Hund auf der linken Seite. Hindernis eins wird übersprungen, der Hund bei Fuß befohlen, dann wird Hindernis zwei ausgelassen, Führer und Hund laufen ziemlich eng am Hindernis vorbei; es folgt Sprung drei, Hindernis vier wird ebenfalls ausgelassen. Viel Lob und Spiel!

7. Die Übungen fünf und sechs werden wiederholt, Umlauf entgegen dem Uhrzeigersinn, der Hund an der rechten Seite des Führers. Die Hindernisse werden jetzt in umgekehrter Reihenfolge behandelt, danach folgt wieder viel Lob und Spiel.

8. Umlauf im Uhrzeigersinn. Hindernis 1 wird umlaufen, Hindernisse 2 und 3 übersprungen, Hindernis 4 wieder umlaufen, viel Lob und Spiel!

9. Umlauf im Uhrzeigersinn. Hindernis 1 und 2 werden übersprungen, Hindernis 3 ausgelassen, Hindernis 4 übersprungen, viel Lob und Spiel!

10. Umlauf im Uhrzeigersinn. Hindernis 1 wird übersprungen, Hindernisse 2 und 3 ausgelassen, Hindernis 4 wieder übersprungen; viel Lob und Spiel!

11. Übungen 8 bis 10 werden wiederholt, dieses Mal entgegen dem Uhrzeigersinn, der Hund läuft rechts vom Führer; viel Lob und Spiel!

Wenn man einen Sprung ausläßt, läuft man trotzdem auf ihn zu und erteilt dem Hund etwa einen Meter vor der normalen Absprungstelle ein kurzes Kommando „Fuß" und läuft dann um das Hindernis. Springt der Hund trotzdem, sollte man ihn keinesfalls ausschimpfen, sondern einfach die Übung wiederholen, dieses Mal aber das Kommando „Fuß" früher geben.

Übungskurs 2

Zweck der Übung ist die Vervollständigung der Richtungskontrolle; Rückwärtssprung ausschließlich auf Kommando.

Ausrüstung - eine Hürde. Am besten übt man sowohl an einer Hürde mit wie ohne seitliche Ausleger.

1. Der Hund wird über die Hürde geschickt. Im Sprung erfolgt das Kommando „rechts", auch der Führer bewegt sich nach rechts, ruft den Hund zu sich, am Hindernis vorbei, keinesfalls über den Sprung. Viel Lob und Spiel. Mehrfache Wiederholung.

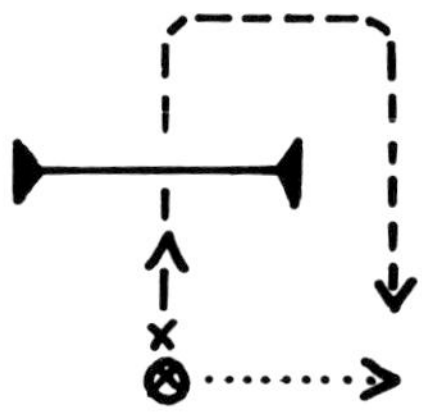

2. Wiederum wird der Hund über das Hindernis geschickt. Im Sprung erhält er das Kommando „links", auch der Führer bewegt sich nach links, ruft den Hund am Hindernis vorbei, keinesfalls über das Hindernis zu sich. Viel Lob und Spiel. Mehrfache Wiederholung.

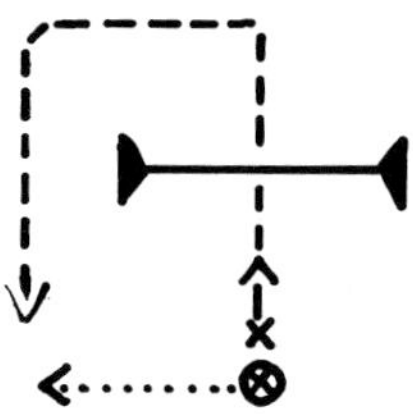

3. Erneut wird der Hund über den Sprung geschickt. Der Führer geht selbst dicht an das Hindernis heran und ruft den Hund über das Hindernis zurück; viel Lob und Spiel! Man sollte sich frühzeitig entscheiden, welches Kommando man für den Rücksprung wählt. Das Kommando muß frei von Verwechslungen sein, etwa „back" oder „again" (zurück, nochmals).

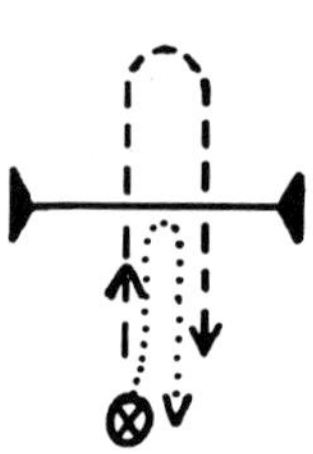

Versteht der Hund tatsächlich die richtungweisenden Kommandos, werden die Übungen 1, 2 und 3 in verschiedenartigen Kombinationen durchgeführt. Auch arbeitet man darauf hin, den Hund neben dem Hindernis zurückzurufen, ohne daß man selbst so weit zur Seite gehen muß. Man sollte auch genau herausfinden, an welcher Stelle man am besten das Kommando zur Wende gibt. Einige Hunde sind in der Lage, bereits in der Luft abzudrehen, während andere erst landen müssen. Erteilt man das Kommando zu früh, wendet man möglicherweise den Hund schon vor dem Sprung oder der Hund verschätzt sich in der Absprungstelle und landet auf dem Hindernis.

Beherrscht der Hund die ganze Übung vollständig, wird sie mit einem Reifen wiederholt. Die Übungen 1 und 2 kann man auch beim Weitsprung trainieren, allerdings nicht die Übung 3.

Übungskurs 3

Zweck der Übung - der Hund lernt das Warten, danach die Rückkehr zum Führer über die Hindernisse. Auch die Richtungskontrolle wird weiter verbessert.

Ausrüstung - eine Reihe von drei Hürden mit Seitenauslegern. Bei einem Anfängerhund werden die Sprünge etwa acht Schritte voneinander und in halber Höhe aufgebaut. Mit fortschreitendem Ausbildungsstand erhöht man die Hürden und verringert die Zwischenabstände auf bis zu fünf Schritte (aber nie weniger).

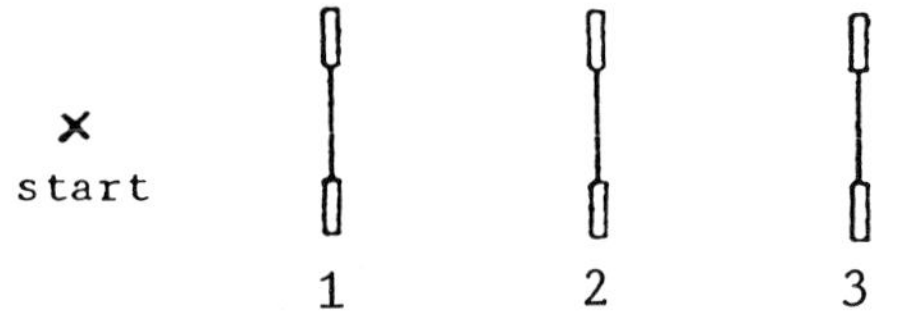

1. Man läuft mit dem Hund und läßt ihn alle drei Hindernisse hintereinander überspringen, viel Lob und Spiel.

2. Jetzt wird der Hund am Startpunkt zurückgelassen, wenn notwendig festgehalten. Der Führer übersteigt das Hindernis 1 (geht nicht seitlich vorbei, denn möglicherweise folgt der Hund dem Führergeruch) und dreht sich um, schaut in Richtung Hund. Direkt hinter der Hürde stehend zeigt der Führer dem Hund, wie er springen soll und ruft ihn über das Hindernis zu sich. Viel Lob und Spiel.

3. Wiederholung der Übung 2, dieses Mal übersteigt der Führer aber zwei Hindernisse, ruft den Hund über beide zu sich, dann viel Lob und Spiel.

4. Wiederholung von Stufe 2. Dieses Mal aber geht der Führer um die Hürde herum, überklettert sie nicht. Wiederum stellt er sich dicht an der Hürde auf und ruft den Hund, bewegt sich mit dem Sprung des Hundes selbst rückwärts.

5. Übung 4 wird über zwei Sprünge wiederholt. Beherrscht der Hund die vorstehenden Übungen, folgt er freudig auf alle Kommandos, werden die weiteren Stufen ausprobiert.

6. Erneut bleibt der Hund am Ausgangspunkt, der Führer stellt sich jetzt zwischen Hindernis 1 und 2 seitlich rechts (aus der Sicht des Hundes). Der Hund wird über Sprung 1 gerufen, mit der Landung erfolgt das Kommando „rechts". Danach folgen ein paar Schritte Fußarbeit, man entfernt sich vom Hindernis weiter nach rechts; viel Lob und Spiel.

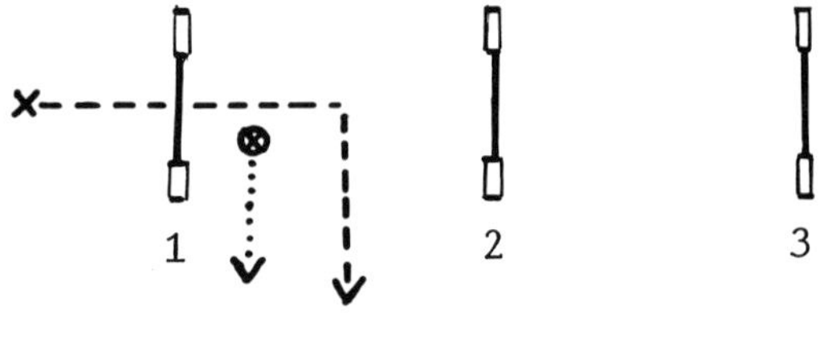

7. Wieder wird der Hund am Ausgangspunkt zurückgelassen, der Führer stellt sich zwischen die Hindernisse 2 und 3 nach rechts. Der Hund wird über Hürden 1 und 2 gerufen, dann wieder Kommando „rechts"; Arbeit bei Fuß wie in Aufgabe 6, gefolgt von viel Lob und Spiel.

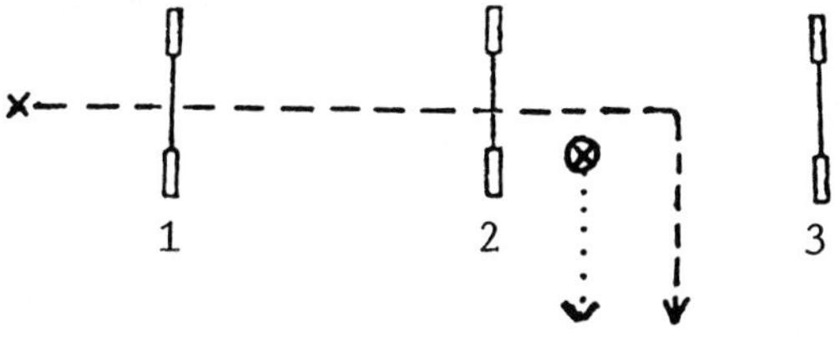

8. Der Hund bleibt am Ausgangspunkt, der Führer stellt sich zwischen Hindernis 1 und 2 nach links. Der Hund wird über Hürde 1 gerufen, dann erfolgt das Kommando „links", danach Arbeit bei Fuß wie zuvor; viel Lob und Spiel! Diese Übung kann man am besten durchführen, wenn der Hund an der rechten Seite des Führers arbeitet.

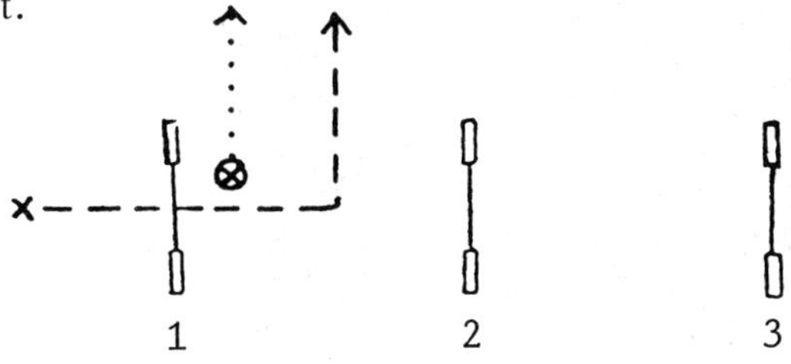

9. Wiederum bleibt der Hund am Ausgangspunkt, dieses Mal stellt sich der Führer zwischen Hürden 2 und 3 nach links. Der Hund wird über Hürden 1 und 2 gerufen, dann Kommando „links" und Arbeit bei Fuß wie zuvor; viel Lob und Spiel!

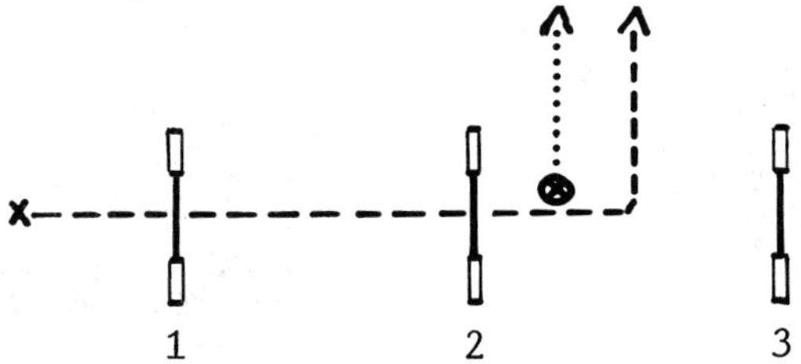

10. Bei weiter fortgeschrittenen Hunden kann man diese Übungen auch über drei Hindernisse ausführen. Wenn man den Hund dabei nach rechts oder links abwenden läßt, wäre es eine ganz gute Idee, ein viertes Hindernis in der Linie aufzubauen, so daß der Hund erneut vor einem Hindernis abwendet.

Bei dieser Übung und allen anderen, bei denen der Hund am Startpunkt zurückgelassen wird, achte man immer sorgfältig darauf, ihn in gerader Linie zum Hindernis zu plazieren, auch für genügend Abstand zum Hindernis zu sorgen. In Wettbewerben werfen viele Hunde die erste Hürde ab, weil ihre Führer sie zu nahe am Hindernis plaziert haben.

Wenn der Führer mit dem Hund auf der rechten Seite arbeitet - wie in Aufgaben acht und neun - sollte man ihn bereits rechts führen, ehe man ihn am Ausgangsort zurückläßt. Niemals sollte man vor dem Hund die Seite wechseln, dies kann Anfängerhunde verwirren. Indem man den Hund rechts von sich zurückläßt, gibt man ihm bereits einen Hinweis auf den weiteren Übungsablauf

Anfänglich könnte man beim Aufstellen des Hundes diesen sogar etwas in Richtung der späteren Wendung am Ausgangsort aufbauen - aber nur geringfügig. Anderenfalls riskiert man, daß der Hund über die Ausleger springt oder gar um das Hindernis läuft. Wenn man den Hund am Ausgangsort mit dem Kommando „Bleib" zurückläßt, sollte man gelegentlich wieder zum Hund zurückkehren, ihn tüchtig loben, ihn also nicht nachrufen; so verhindert man eine Vorwegnahme des Rufs, fehlerhaften Frühstart.

Übungskurs 4

Zweck der Übung - der Hund lernt, vom Führer über Sprünge zum Tisch oder der Anhaltezone (Pausenplatz) vorausgeschickt zu werden. Hier lernt der Hund auch, schnell durch die Zielpfosten zu laufen.

Ausrüstung - eine Reihe von drei Hürden mit Seitenauslegern, Pausenbox oder Tisch, zwei Zielpfähle. Anfänglich werden die Hürden mit acht Schritten Abstand aufgebaut, mit fortschreitender Sicherheit des Hundes enger zusammengestellt, aber nicht dichter als fünf Schritte. Pausenbox oder Tisch sollten auf gleichem Abstand vom letzten Hindernis plaziert sein, die Zielpfosten wie aufgezeigt dazwischen.

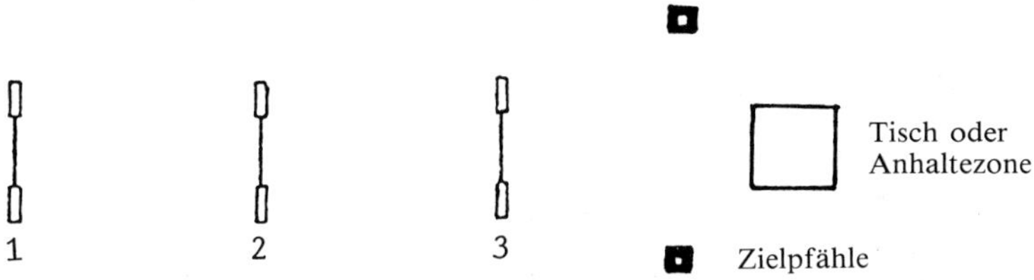

1. Man läuft mit dem Hund, er überspringt alle drei Hürden, dann folgt das Kommando zum Tisch. Der Hund muß sich auf den Tisch legen, ein paar Sekunden warten, dann folgt viel Lob und Spiel, wobei der Hund aber auf dem Tisch bleiben muß. Diese Übung wird mehrfach wiederholt.

2. Man setzt den Hund vor Hindernis 3 mit Kommando „Bleib", der Führer geht zum Tisch und stellt sich daneben. Der Hund wird über den Sprung und auf den Tisch gerufen; viel Lob und Spiel.

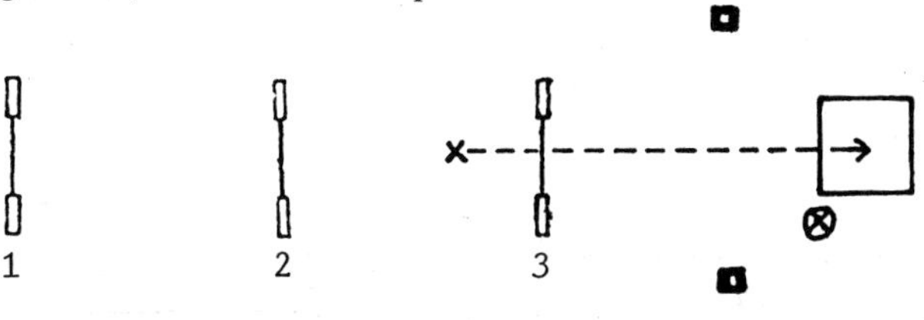

3. Man läßt den Hund beobachten, wie der Führer ein Spielzeug oder einen Leckerbissen auf dem Tisch plaziert. Dann wird die Übung zwei wiederholt. Der Hund darf das „Leckerchen" auffressen oder mit dem Spielzeug spielen.

4. Man achte darauf, daß der Hund genau beobachtet, wie der Führer ein Spielzeug oder einen Leckerbissen auf den Tisch legt. Dieses Mal stellt sich der Führer mit dem Hund vor Hindernis 3. Der Hund wird über den Sprung und auf den Tisch geschickt. Dieses Mal folgt der Führer dem Hund zum Tisch, hängt dabei aber etwas zurück, so daß der Hund vorangeht; viel Lob und Spiel!

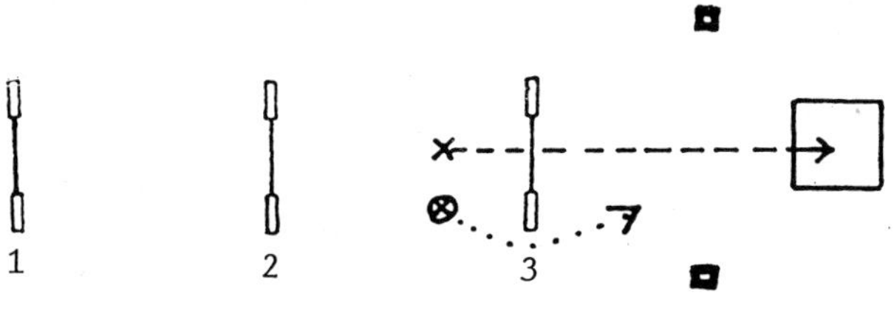

5. Übung vier wird wiederholt, dieses Mal bleibt aber der Führer vor Hindernis drei stehen, bis der Hund auf dem Tisch ist. Dann erfolgt das Kommando „Down", danach geht man zum Tisch; viel Lob und Spiel.

6. Wiederholung Übung fünf, dieses Mal aber ohne ein Spielzeug oder Leckerbissen auf den Tisch zu legen. Wenn der Hund in der Position „Platz" liegt, läuft der Führer schnell zum Hund, gibt ihm einen Leckerbissen oder spielt mit ihm mit dem Spielzeug.

7. Die Übungen vier, fünf und sechs werden in gleicher Art wiederholt, das Ganze beginnt aber vor Hindernis zwei.

8. Hat der Hund die notwendige Sicherheit und Begeisterung gewonnen, werden die Übungen vier, fünf und sechs wiederholt, aber von Hindernis eins aus.

Es mag durchaus mehrere Wochen dauern, ehe man den Hund sicher über die ganze Anzahl von Hürden bringt. Schnelligkeit langsam aufbauen ist der beste Rat! Nie darf der Führer davor zurückschrecken, ein paar Stufen zurückzugehen, wenn es dem Hund an Freude und Vertrauen fehlt.

Im Anfangsstadium werden immer Hürden mit seitlichen Auslegern eingesetzt, dadurch wird die Gefahr verringert, daß der Hund seitlich vorbeiläuft. Hat der Hund wirklich viel Freude und Vertrauen, werden die Hindernisse ohne Seitenausleger aufgestellt.

Wenn der Hund freudig und schnell vorausgeschickt werden kann, sich zuverlässig auf den Tisch in die Position „down" legt, folgen die nachstehenden Übungen:

9. Start vor Hindernis eins. Der Hund wird über alle drei Hürden geschickt, danach auf dem Tisch „down" für zumindest zehn Sekunden. Während der Hund sich in der Position „down" auf dem Tisch befindet, bewegt sich der Führer und stellt sich vor Sprung drei auf. Jetzt wird der Hund vom Tisch über Hindernis drei zurückgerufen. Viel Lob und Spiel!

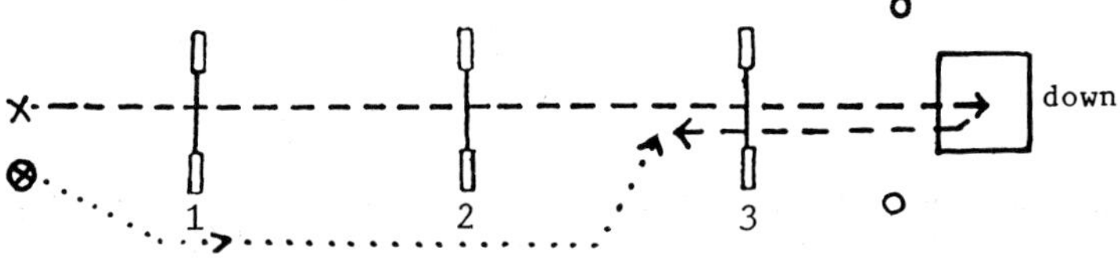

10. Wiederholung von Übung neun. Nachdem der Hund aber Hindernis drei auf dem Rückweg übersprungen hat, läuft er mit dem Führer zum Ausgangspunkt zurück, überspringt dabei auch die Hindernisse zwei und eins; viel Lob und Spiel.

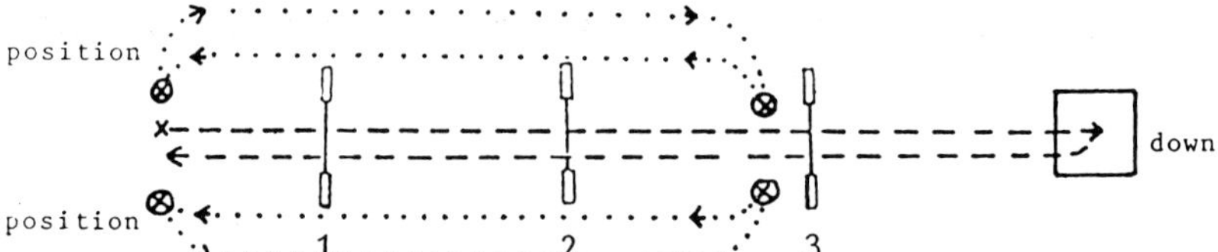

Der Führer beginnt, wie im Diagramm aufgezeigt, in Position eins. Am besten arbeitet der Hund, wenn er zum Startpunkt zurückläuft, auf der rechten Seite. Bei einem Start aus Position zwei sollte der Hund auf dem Rückweg links vom Führer arbeiten. Beide Ausgangspositionen werden geübt.

11. Wieder Start vor Hindernis eins. Der Hund wird über alle drei Sprünge zum Tisch geschickt, dann wieder für zehn Sekunden „down". Dieses Mal geht der Führer zu Hindernis zwei und stellt sich davor auf. Der Hund wird über Hindernisse drei und zwei zurückgerufen, läuft dann mit dem Führer, springt über Hindernis eins zurück und läuft zum Start; viel Lob und Spiel!

12. Start vor Hindernis eins. Der Hund wird über alle drei Sprünge zum Tisch geschickt, dort zehn Sekunden in Position „down" gelegt. Der Führer bleibt am Ausgangspunkt Start und ruft den Hund über alle drei Sprünge zurück. Viel Lob und Spiel!

Bei dieser Übung kann auch die Pausenbox - Anhaltezone - verwendet werden. Ich finde es aber wesentlich einfacher, einen Tisch zu benutzen, weil der Tisch für den Hund ein viel klareres Ziel bietet, das er anläuft. Wahrscheinlich ist es das Beste, zunächst immer den Tisch zu verwenden, später, wenn der Hund daran gewöhnt ist und mehr Erfahrung hat, dieselben Übungen mit der Pausenbox zu wiederholen.

Hat man in diese Übungen die Zielpfosten mit einbezogen, wurde der Hund gleichzeitig daran gewöhnt, sie schnell zu durchlaufen. Jetzt kann man den Tisch oder die Pausenbox entfernen, hinter die Zielpfähle ein Spielzeug oder einen Leckerbissen plazieren, dann den Hund trainieren, auf diese Art schnell die Zielpfosten zu durchlaufen.

Übungskurs 5

Zweck der Übung - gezielte Richtungskontrolle, gesteigerte Konzentration auf den Führer.

Ausrüstung - vier Hürden mit Auslegern, auf acht Schritte auseinander quadratisch aufgebaut.

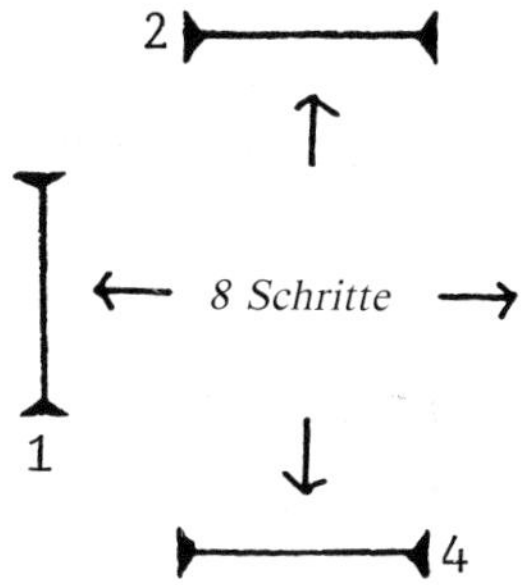

1. Sprung über Hürde eins und drei, viel Lob und Spiel. Die Wege von Hund und Führer sind in der Zeichnung aufgezeigt.

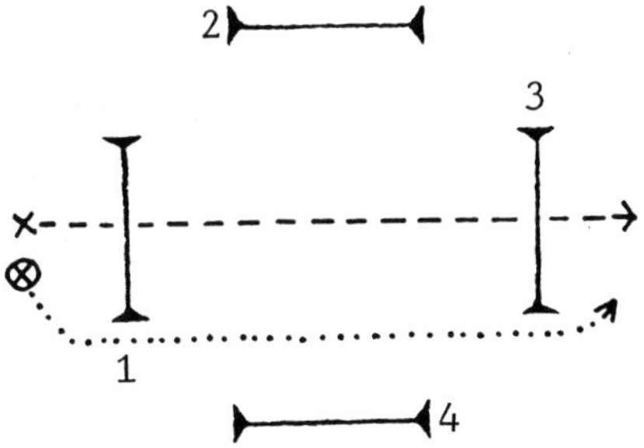

2. Der Hund wird links vom Führer geführt, Überqueren von Sprung eins. Kommando „rechts", Überspringen von Sprung vier, viel Lob und Spiel. Wege von Hund wie Führer sind in der Zeichnung klar zu erkennen.

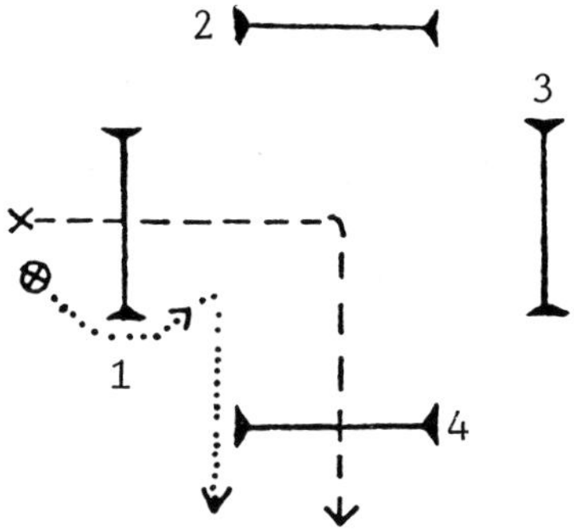

3. Der Hund arbeitet rechts vom Führer, überspringt Hindernis eins, erhält das Kommando „links", überspringt Hindernis zwei, viel Lob und Spiel. Weg von Führer und Hund in Skizze dargestellt.

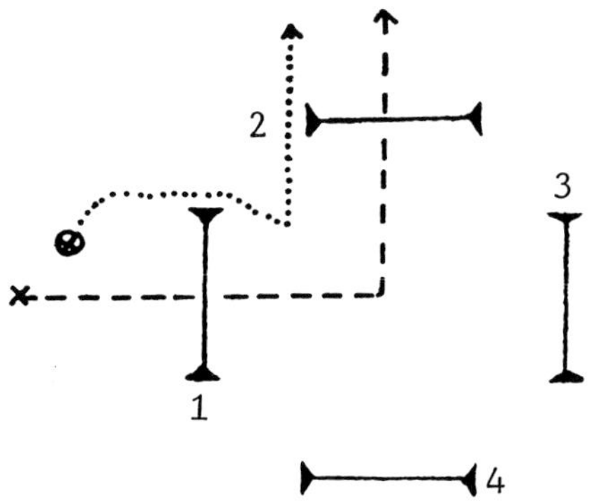

4. Der Hund arbeitet links vom Führer, wird am Startpunkt zurückgelassen. Der Führer stellt sich zwischen Hindernis eins und drei auf, ruft den Hund über Hindernis eins, sendet ihn dann über Hindernis drei, Kommando „rechts"! Während der Hund Hindernis drei überspringt, läuft der Führer zwischen Hindernis drei und vier, stellt sich hinten vor Hindernis vier auf, läßt den Hund Hindernis vier von hinten überspringen; viel Lob und Spiel. Man achte sorgfältig darauf, daß der Hund seine Rechtswendung weit genug durchführt, um genügend Abstand zum Hindernis vier zu gewinnen, damit er dieses sicher überspringen kann.

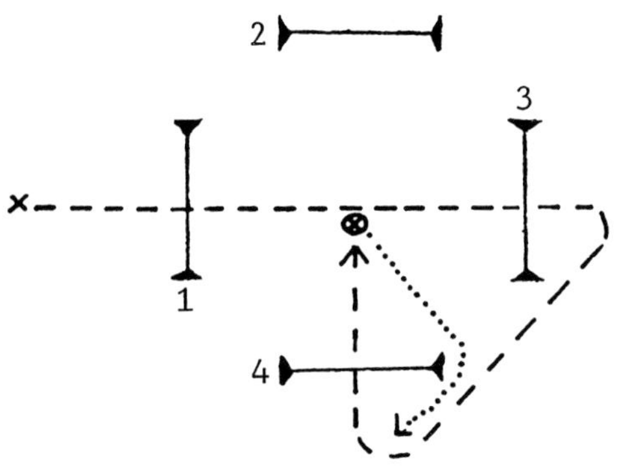

5. Der Hund wird rechts vom Führer geführt, am Startpunkt zurückgelassen. Der Führer steht zwischen Hindernis eins und drei, ruft den Hund über Hindernis eins, sendet ihn vorwärts über drei, gefolgt vom Kommando „links". Der Führer steht zwischen den Hindernissen zwei und drei, läßt den Hund zurück über Sprung zwei springen. Viel Lob und Spiel.

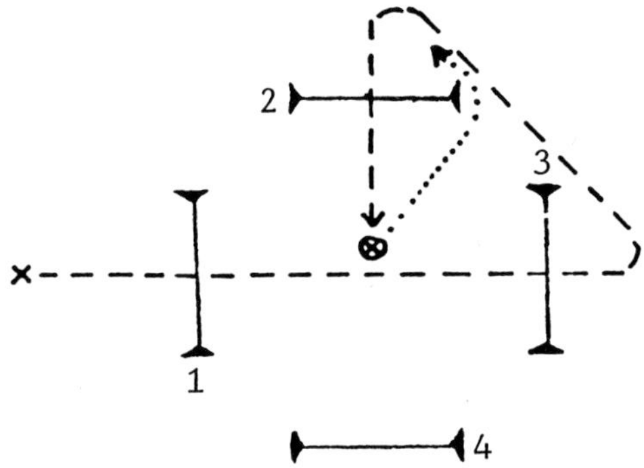

6. Der Hund wird links geführt, am Start zurückgelassen. Der Führer steht im Mittelpunkt der Hürden, ruft den Hund über Hindernis eins, sendet ihn dann über Hindernis drei, dann Kommando „rechts". Jetzt wird der Hund zwischen den Hindernissen drei und vier in Richtung Führer gerufen, dann Kommando „links", Sprung über Hindernis vier von vorn; viel Lob und Spiel.

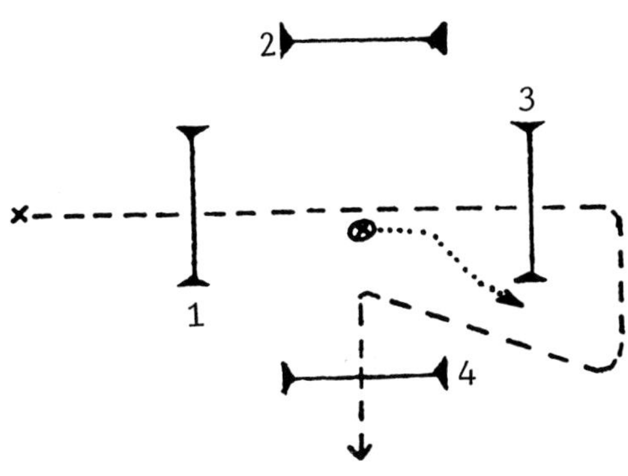

7. Der Hund wird rechts geführt, am Startpunkt zurückgelassen. Wieder steht der Führer im Zentrum der Hürden. Der Hund wird über Hindernis eins gerufen, über drei geschickt, danach Kommando „links". Dieses Mal wird er zwischen den Hindernissen drei und zwei nach innen gerufen, dann Kommando „rechts", Sprung über Hindernis vier von vorn. Viel Lob und Spiel!

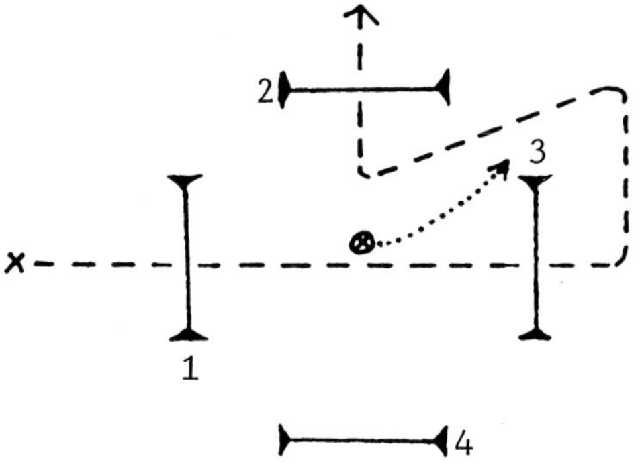

8. Der Hund wird am Ausgangspunkt zurückgelassen, der Führer steht hinter Hindernis drei, ruft den Hund über eins und drei zu sich. Viel Lob und Spiel.

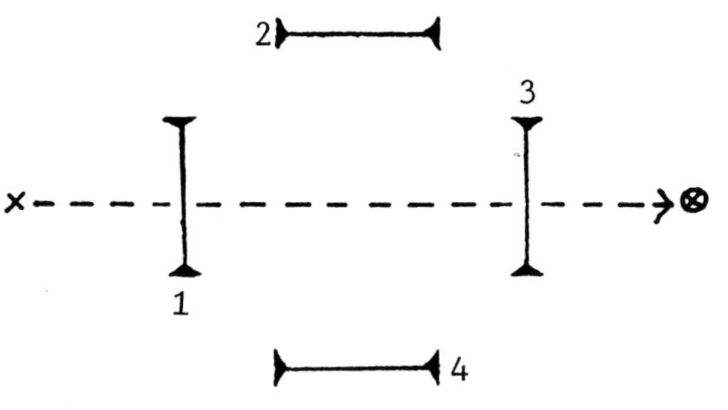

9. Der Hund wird vor Hindernis zwei zurückgelassen. Der Führer steht vor Hindernis vier und ruft seinen Hund über die Hürden zwei und vier; viel Lob und Spiel.

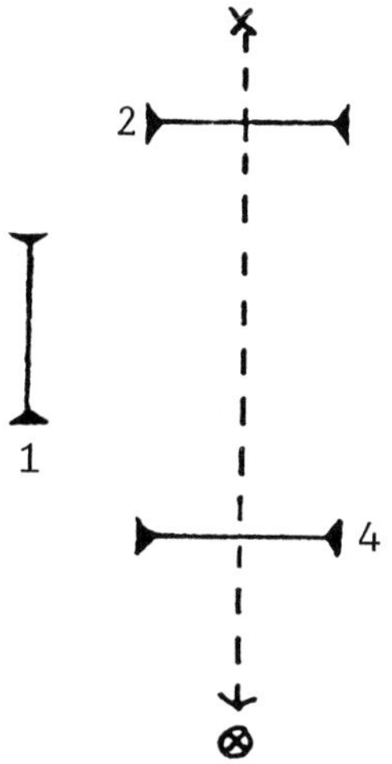

Die letzten zwei einfachen Übungen können zu jeder Zeit zwischen den anderen Übungen durchgeführt werden. Dadurch kommt der Hund nicht auf die Idee, daß er immer umkehren muß.

Übungskurs 6

Zweck der Übung - Weiterer Ausbau der Richtungskontrolle, Rückkehr zum Führer seitlich, nicht immer über die Hindernisse.

Ausrüstung - drei Hürden in einer Linie, Abstand zwischen den Hürden etwa einen Meter. Anfangs Hürden ohne seitliche Ausleger, mit zunehmenden Fortschritten des Hundes werden die gleichen Übungen mit Hürden mit Auslegern durchgeführt.

1. Vom Ausgangspunkt wird der Hund über Hürde zwei geschickt, nach rechts gewiesen, über Hürde drei zurückgerufen; viel Lob und Spiel. Die Übung wird mehrfach wiederholt.

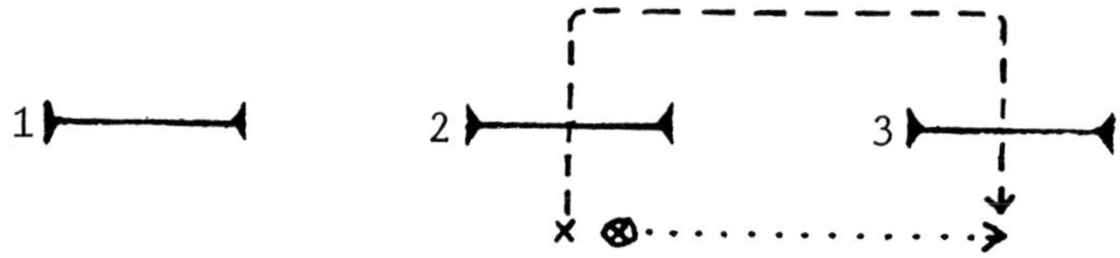

2. Vom Ausgangspunkt wird der Hund über Hürde zwei geschickt, nach links gewiesen, über Hürde eins zurückgerufen, viel Lob und Spiel. Die Übung wird mehrfach wiederholt.

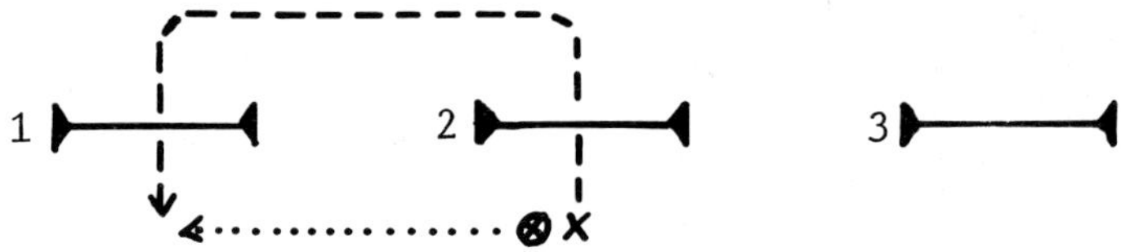

3. Vom Ausgangspunkt wird der Hund über Hürde eins geschickt, Kommando „rechts", dann zurück über Sprung zwei gerufen, Kommando „links", danach Sprung über Hürde drei, viel Lob und Spiel. Wege von Hund und Führer siehe Skizze.

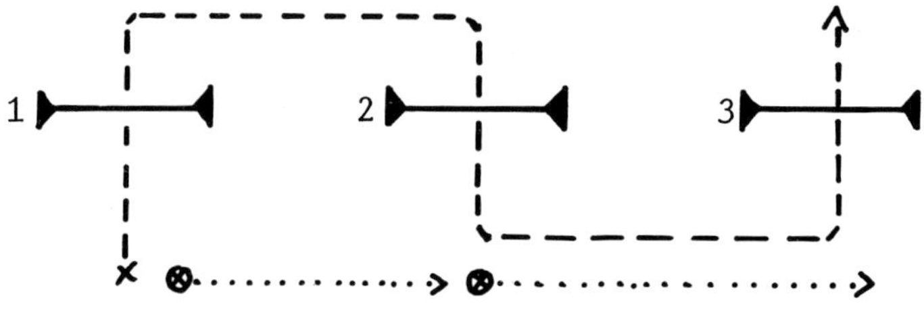

4. Vom Ausgangspunkt wird der Hund über Hürde drei geschickt, Kommando „links", Rücksprung über Hürde zwei, Kommando „rechts", Sprung über Hürde eins. Viel Lob und Spiel.

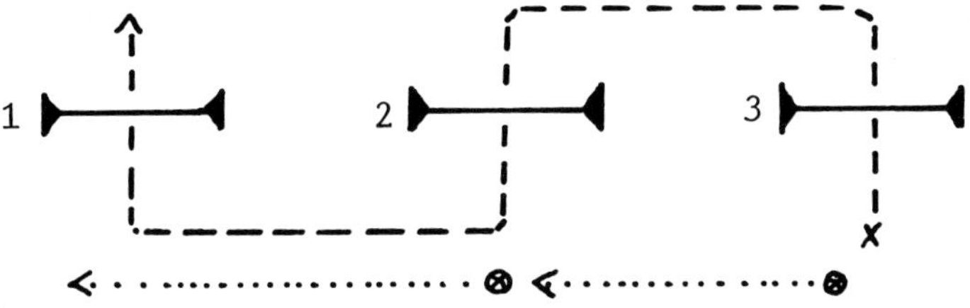

5. Vom Ausgangspunkt wird der Hund über Sprung eins geschickt, Wendung nach rechts. Der Führer bewegt sich auf einen neuen Standort zwischen Hürden eins und zwei, ruft den Hund zwischen den Hürden zurück. Viel Lob und Spiel.

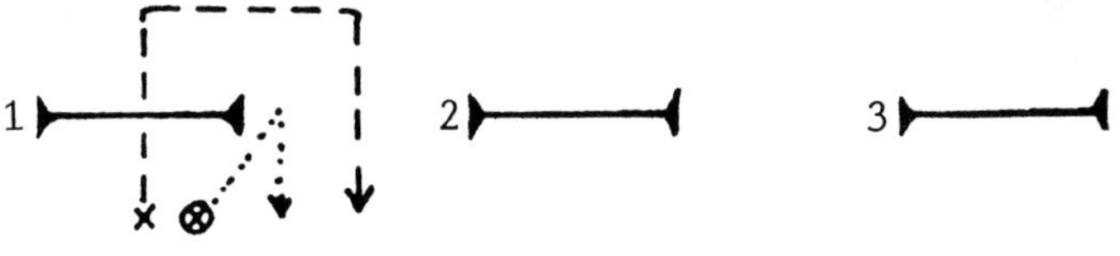

6. Vom Ausgangspunkt wird der Hund über die Hürde zwei geschickt, Kommando „links". Jetzt bewegt sich der Führer zwischen die Sprünge zwei und eins, ruft den Hund zwischen den Hürden zurück. Viel Lob und Spiel.

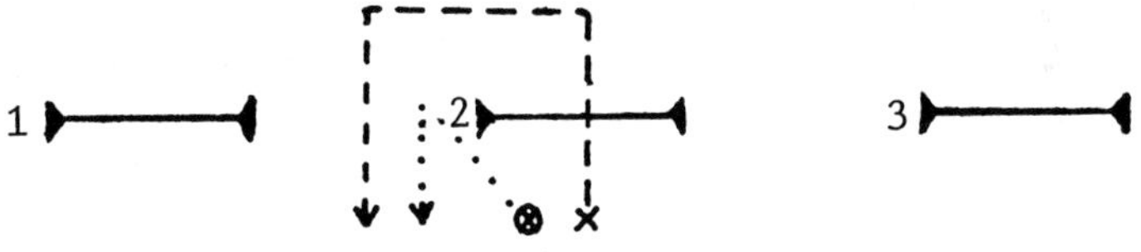

Mit zunehmenden Fortschritten des Hundes sollte der Führer in der Lage sein, einfach nach links herüberzugehen, anstelle sich wie vorher zwischen die Hindernisse zu bewegen.

7. Der Hund wird über Sprung eins geschickt, Kommando „rechts", Rückruf zwischen den Hürden eins und zwei. Kommando „links", nochmals „links", Sprung über Hürde zwei, Wendung rechts, Rückruf zwischen den Hürden zwei und drei. Wendung des Hundes nach links, nochmals links und Sprung über Hürde drei; viel Lob und Spiel!

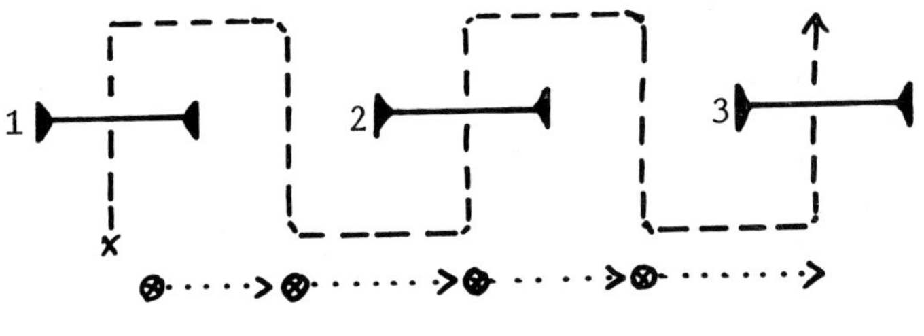

8. Vom Ausgangspunkt wird der Hund über Hürde drei geschickt, Kommando „links", Rückruf zwischen den Hürden drei und zwei. Wendung zweimal rechts, Sprung über Hürde zwei, Wendung links, Rückruf zwischen den Hürden zwei und eins, Wendung nach rechts und nochmals rechts über den Sprung eins; viel Lob und Spiel.

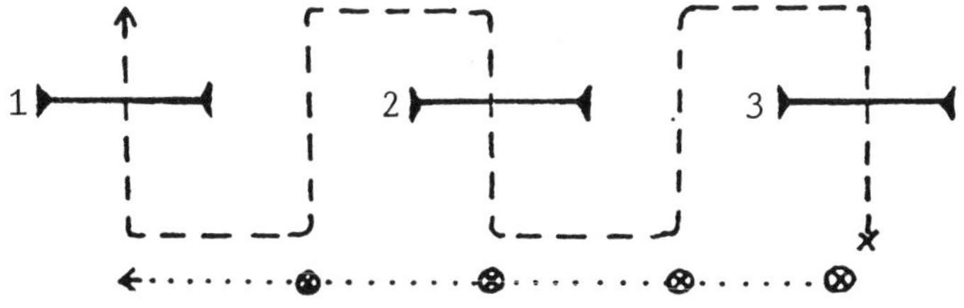

9. Vom Ausgangspunkt wird der Hund über Sprung eins geschickt, Kommando „rechts", Rücksprung über Hürde zwei, Wendung links, Sprung über Hürde zwei, Kommando „rechts", Rückruf über Hürde drei; viel Lob und Spiel.

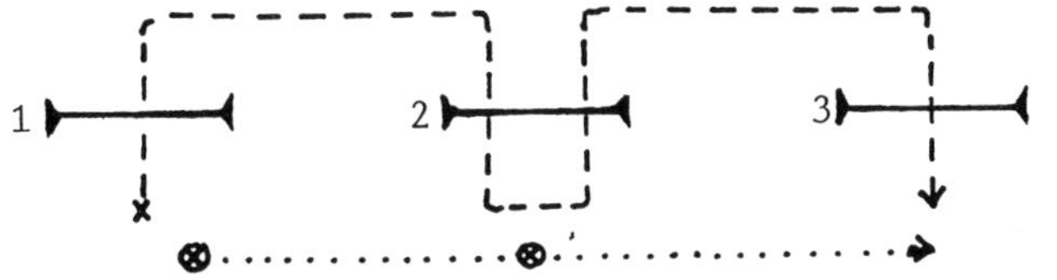

10. Der Hund wird über Hürde drei geschickt, Kommando „links", Rückruf über Hindernis zwei, Wendung des Hundes nach rechts und erneutes Überspringen von Hürde zwei. Kommando „links" und Rückruf über Hürde eins; viel Lob und Spiel.

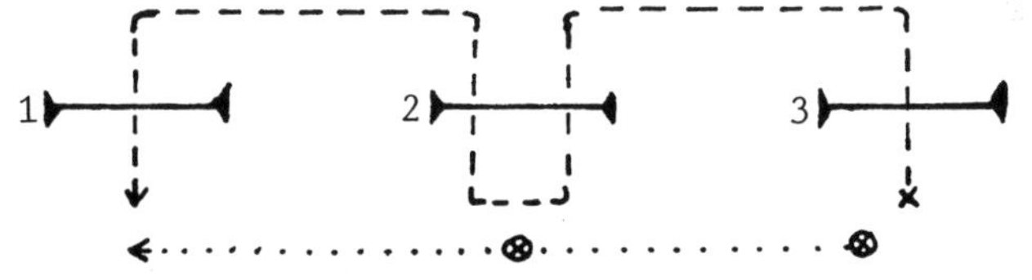

11. Der Hund wird auf Ausgangsstellung hinter der Hürde eins abgesetzt. Danach wird er über Sprung eins gerufen, Kommando „links", Sprung über Hindernis zwei, Rückruf über Hindernis zwei, wobei das Kommando für den Rücksprung gewählt wird. Kommando nach links und Sprung über Hindernis drei. Viel Lob und Spiel.

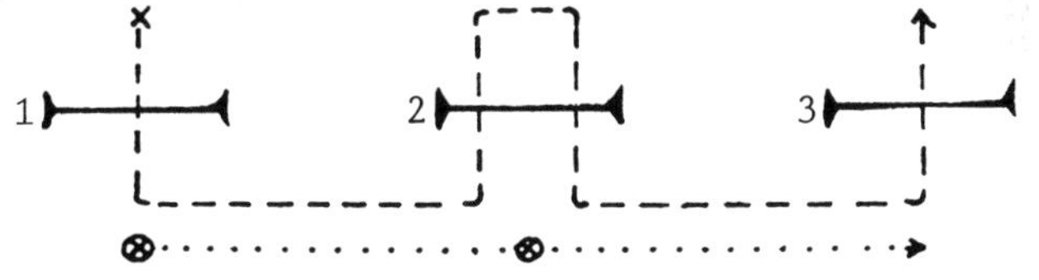

12. Der Hund wird hinter Hindernis drei abgesetzt, danach über Sprung drei gerufen, Wendung nach rechts, Sprung über Hürde zwei, Rückruf erneut über Hürde zwei mit Kommando für Rücksprung. Kommando nach rechts, Sprung über Hürde eins. Viel Lob und Spiel.

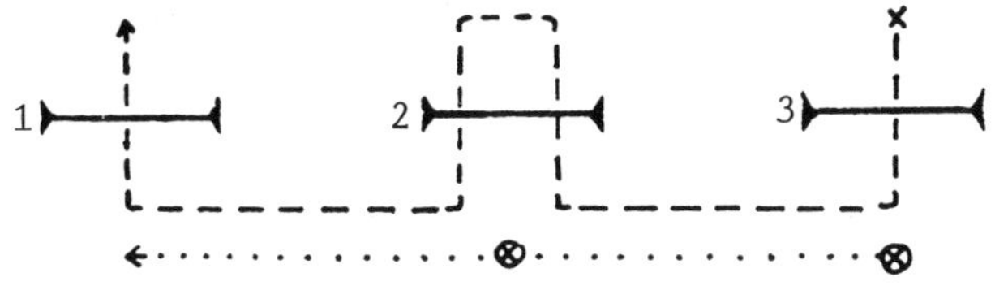

Man sollte einen Hund mit dieser Übung nicht überfordern, unwillig machen - einige Hunde lieben es, bei anderen kann man jeweils nur über eine kurze Übungszeit arbeiten.

Übungskurs 7

Zweck der Übung - Übung des Wartens vor dem Start, Richtungskontrolle und Stärkung der Konzentration des Hundes auf den Führer.

Ausrüstung - sieben Hürden, aufgestellt in zwei Sprungquadraten. Abstand zwischen den Hürden jeweils sechs Schritte.

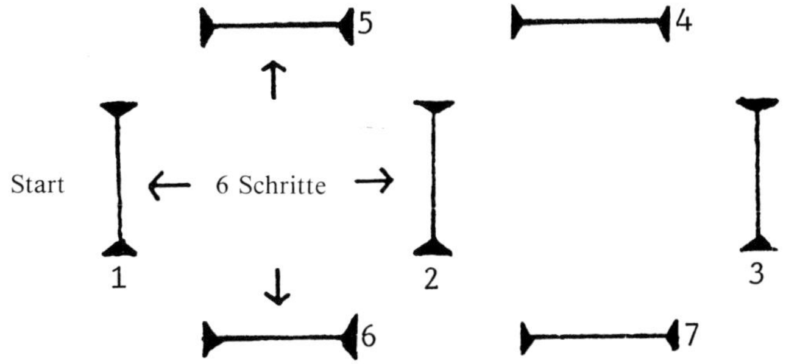

Bei allen nachfolgenden Übungen läßt man den Hund jeweils am Startpunkt warten.

1. Der Führer geht zu seinem Standplatz hinter Sprung drei, ruft den Hund über die Hürden eins, zwei und drei zu sich. Viel Lob und Spiel!

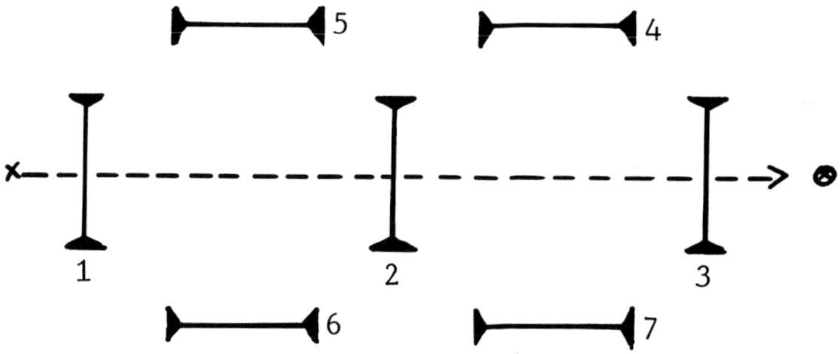

2. Der Hund wird links vom Führer am Start abgesetzt, muß warten. Der Führer geht etwas rechts versetzt zu seinem Standplatz hinter Hürde zwei, ruft den Hund über Hürden eins und zwei, befiehlt Wendung nach rechts und schickt ihn über Hürde sieben. Viel Lob und Spiel!

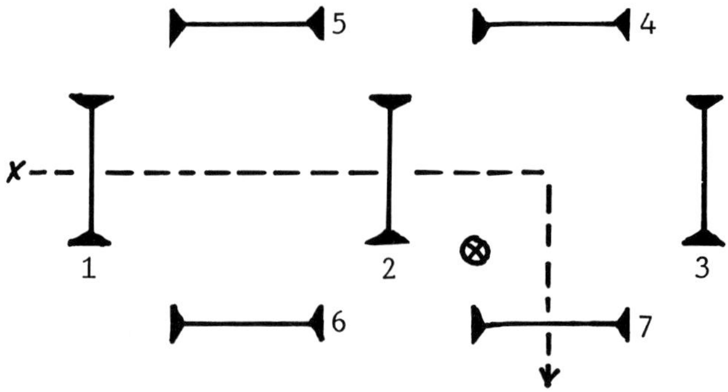

3. Wiederholung von Übung zwei. Hat der Hund dieses Mal den Sprung sieben überwunden, erhält er Kommando zur Wendung rechts. Der Führer geht zu Hürde sechs und stellt sich daneben auf, befiehlt dem Hund, Hürde sechs zu überspringen. Vorsicht, der Hund muß weit genug ausholen, um sicher über Sprung sechs zu gelangen. Viel Lob und Spiel!

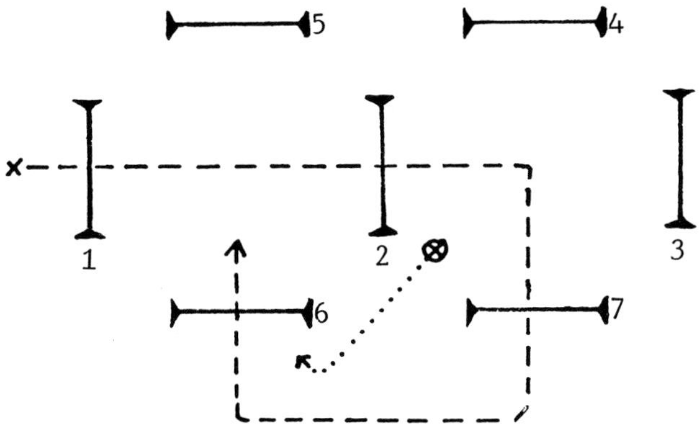

4. Wiederholung von Übung 1.

5. Der Hund wird rechts vom Führer zum Startpunkt geführt, dort abgesetzt. Der Führer geht hinter Hürde zwei, leicht links verschoben, ruft den Hund über Hürden eins und zwei, befiehlt Wendung nach links, schickt ihn über Hürde vier. Viel Lob und Spiel.

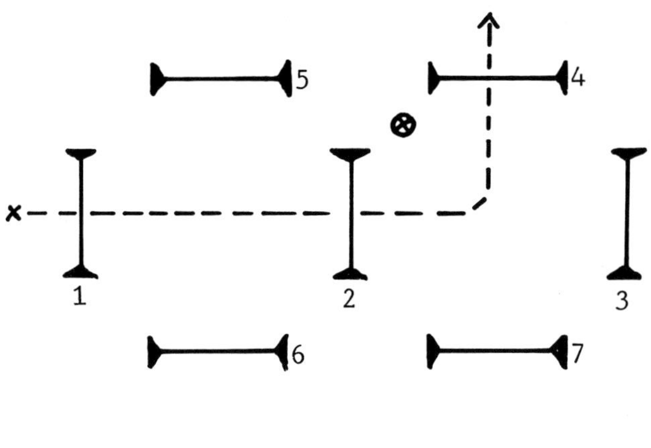

6. Wiederholung von Übung fünf. Hat der Hund jetzt Hürde vier übersprungen, befiehlt man Wendung nach links. Der Führer geht hinter Hürde fünf seitlich versetzt und befiehlt das Überspringen von Hürde fünf. Viel Lob und Spiel.

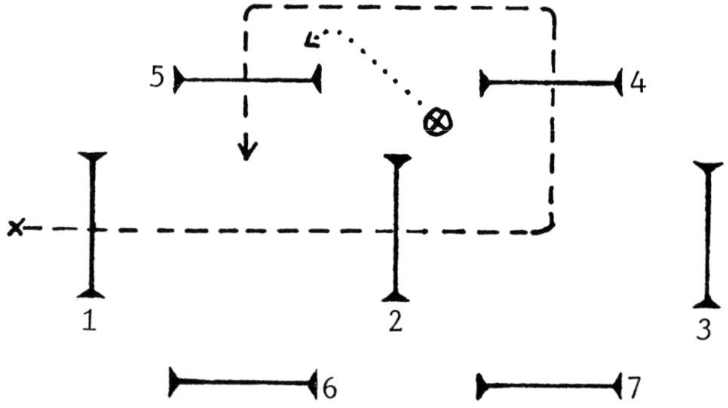

7. Wiederholung von Übung drei. Hat der Hund Hürde sechs übersprungen, gehen Hund und Führer gemeinsam in Richtung Hürde fünf und der Hund überspringt Hürde fünf; viel Lob und Spiel.

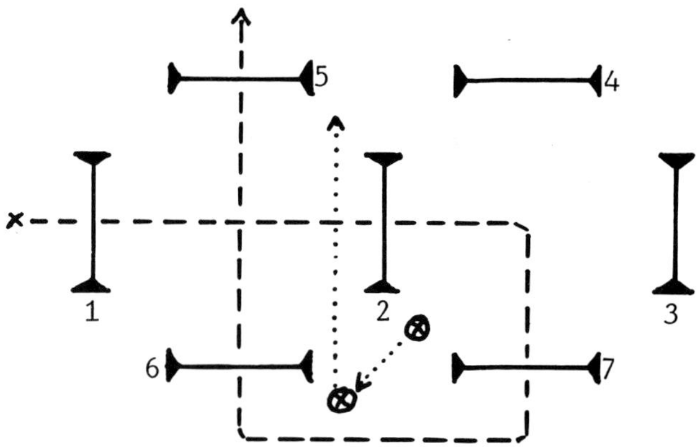

8. Wiederholung von Übung sechs. Hat dieses Mal der Hund die Hürde fünf überwunden, gehen Hund und Führer gemeinsam auf Hürde sechs zu und der Hund überspringt Hürde sechs. Viel Lob und Spiel!

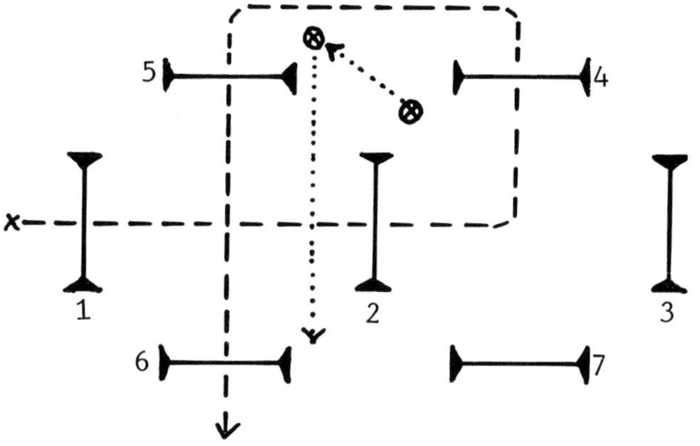

Wann immer man den Hund über Hürden zu sich ruft, muß man sorgfältig darauf achten, das Sprungkommando zum richtigen Zeitpunkt zu geben. Viele Hunde springen in Richtung auf ihre Führer schneller, späte Kommandos können zu fehlerhaftem Absprung und damit zum Umwerfen von Hindernissen führen.

Wenn der Hund immer mehr Erfahrung mit dem Springen gewonnen hat, versucht man, das Sprungkommando ganz wegzulassen, ganz einfach nur den Hund zu rufen. Dann muß der Hund selbst herausfinden, von welchem Punkt er am besten abspringt.

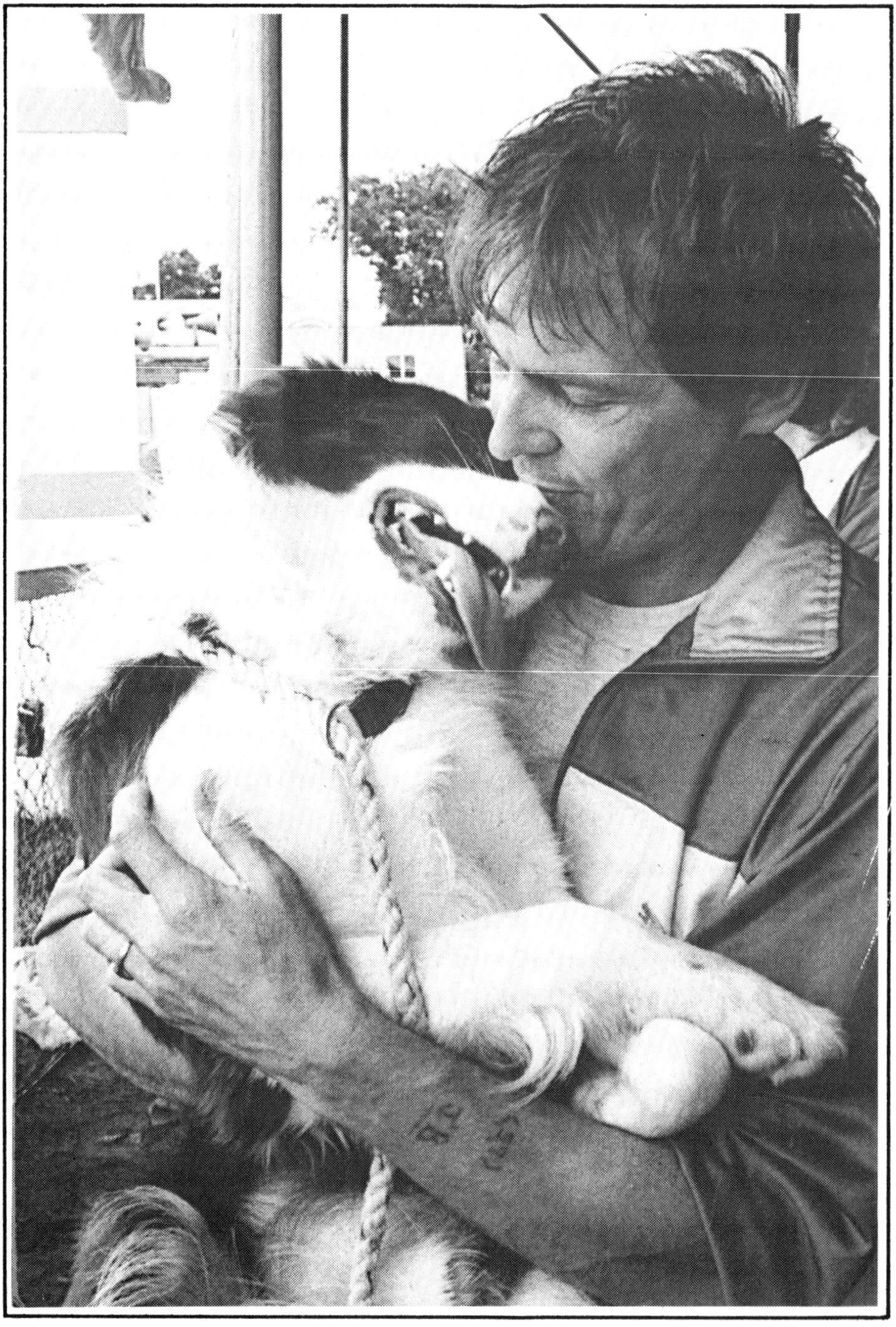

13. SCHLUSSWORT

Mit meinem Buch habe ich versucht, besonders den Anfänger auf den richtigen Weg zu leiten, um gemeinsam mit dem Hund viel Freude an der Agility zu gewinnen.

Was immer man tut, Training oder Wettbewerb, immer muß man ganz besonders darauf achten, daß der Hund fröhlich ist, Freude an der Arbeit hat. Ein freudiger Hund versucht immer viel intensiver seinem Herrn zu gehorchen als ein furchtsamer, der weiß, daß er bei jedem Fehler getadelt oder gar gestraft wird.

Agility ist ein schneller Sport und viel häufiger als man annimmt ist Ausscheiden die Folge eines Führerfehlers. Niemals sollte man übereilt den Hund tadeln. Wir fordern eine ganze Menge von unseren Agility-Hunden; natürlich möchte jeder eine sehr gute Runde absolvieren, aber ich hasse es zu sehen, daß ein Hund wegen eines Fehlers hart zurechtgewiesen wird.

Gerade bei einem mit Spitzengeschwindigkeit arbeitenden Hund passiert es selbst bei viel Erfahrung, daß ein Sprung falsch angesetzt wird. Obgleich wir unseren Hund sorgfältig auf die Kontaktpunkte ausbilden, wie soll man seinem Hund den Fehler klar machen, wenn er versehentlich schon einmal an einer falschen Stelle vom Laufsteg oder der Schrägwand abspringt, vielleicht nur zwei Zentimeter höher als der Kontaktpunkt tatsächlich liegt?

Haben Sie viel Freude an der Agility, vergewissern Sie sich, daß auch Ihr Hund Spaß daran hat. Lernen Sie mit dem Unangenehmen wie dem Angenehmen zu leben. Es gibt immer wieder einen anderen Tag und einen neuen Wettbewerb!

14. ANHANG

Agility Reglement 1991*

Stand 01.01.1993

1. Einführung:

Die Agility ist eine Disziplin, die allen Hunden offensteht. Sie besteht darin, die Hunde verschiedene Hindernisse überwinden zu lassen, mit der Absicht, ihre Intelligenz und ihre Gewandtheit zu erproben. Es handelt sich um ein erzieherisches und sportliches Spiel, welches ihre gute Einfügung in die Gesellschaft begünstigt.

Diese Disziplin setzt eine gute Harmonie zwischen dem Hund und seinem Führer voraus und endet in perfektem Einvernehmen in ihrer Gruppe. Es ist also notwendig, daß die Teilnehmer die elementaren Grundlagen von Erziehung und Gehorsam besitzen.

2. Der Parcours:

Der Parcours setzt sich aus Hindernissen zusammen, die ihm je nach deren Aufstellung und dem Verlauf der Strecke seine Eigentümlichkeit geben, ihn mehr oder weniger komplex und mehr oder weniger schnell machen.

Die Strecke muß vom Hund in einer festgesetzten Basiszeit zurückgelegt werden sowie in einer festgesetzten Reihenfolge der Hindernisse.

2.1 ALLGEMEINES

Das zur Anlage einer Agility-Strecke notwendige Gelände muß wenigstens 20 x 40 m groß sein. Im Falle einer Anlage von zwei Strecken empfiehlt es sich, eine geschlossene Abtrennung mit Barrieren anzulegen, oder die Strecken in ungefähr 10 m Entfernung anzulegen.

Die eigentliche Strecke hat eine Länge von 100 bis 200 m und umfaßt, je nach Kategorie der Prüfungen, 10 bis 20 Hindernisse.

Die Doppel- oder Dreifachhindernisse (die mit einem einzigen Sprung überwunden werden müssen) haben eine Gesamttiefe von höchstens 70 cm.

Die Kombinationen von zwei oder drei Hindernissen zählen als ein einziges Hindernis, aber jedes Element wird unabhängig beurteilt.

Die Distanz zwischen den Elementen soll höchstens 5 Schritte (ca. 3,50 m) betragen.

Die Distanz zwischen zwei aufeinanderfolgenden Hindernissen soll ungefähr 10 Schritte (ca. 7 m) betragen.

** Wir bedanken uns für die Abdruckgenehmigung beim Deutschen Verband der Gebrauchshundsportvereine e.V.*

2.2. STRECKENVERLAUF

Der Verlauf der Strecke wird ganz der Phantasie des Richters überlassen, aber es müssen mindestens zwei Richtungswechsel darin enthalten sein.

Vor Beginn der Prüfungen kontrolliert der Richter die zur Verfügung gestellten Hindernisse und überprüft, ob sie den Regeln entsprechen. Der Richter erstellt seinen Streckenplan und übergibt ihn den Organisatoren zur Aufstellung der Hindernisse. Anschließend überprüft er den Parcours und läßt seine Länge genauestens messen. Eine gut ausgedachte Strecke ermöglicht dem Hund, sich fließend und mit Leichtigkeit zu bewegen. Ziel ist es, daß der Hund die Ausgewogenheit zwischen der Ausführungsgeschwindigkeit und der Fehlervermeidung beim Bewältigen der Hindernisse findet.

Es ist von Vorteil, den Streckenverlauf und die Stellung der Hindernisse für jeden Wettbewerb zu verändern, damit der Ablauf für den Hund nicht zur Gewohnheit wird.

2.3 FESTLEGUNG DER STANDARDZEIT

Die Grundlage für die Festsetzung der Standardzeit der Strecke ist die Geschwindigkeit in Meter/Sekunden, die für die Bewegung auf der Strecke festgesetzt wird. Diese Festlegung wird unter Berücksichtigung der Rangstufe der Prüfung und der Schwierigkeit der Strecke getroffen.

Die Bewegungsgeschwindigkeit liegt zwischen 1,8 und 3,5 m/sek. Die Standardzeit für die Strecke (in Sekunden) erhält man, indem man die exakte Länge der Strecke durch die festgehaltene Bewegungsgeschwindigkeit (in m/s) teilt.

Beispiel: Für eine Strecke von 150 m und einer festgehaltenen Geschwindigkeit von 2,5 m/s, ist die STANDARDZEIT FÜR DIE STRECKE: 150 : 2,5 = 60 Sekunden.

2.4. FESTLEGUNG DER HÖCHSTZEIT

Im allgemeinen nimmt der Richter als Höchstzeit für die Strecke das Doppelte der Standardzeit an. Für eine Standardzeit von 60 Sekunden beträgt die Höchstzeit 120 Sekunden. Sie darf niemals unterhalb des 1,5 fachen der Standardzeit liegen.

2.5. ABLAUF DES WETTBEWERBES

Auf dem Prüfungsgelände ist keinerlei Training erlaubt. Nur die Erkundung der Strecke durch den Hundeführer ohne seinen Hund ist erlaubt. Vor Beginn einer jeden Prüfung versammelt der Richter die Konkurrenten, um ihnen genaue Einzelheiten über die Prüfung, die Standardzeit und die Höchstzeit für die Strecke mitzuteilen, die er festgelegt hat. Zugleich erinnert der Richter an die Wettbewerbs-Vorschriften und an die Kriterien für die Bewertung.

Der Hundeführer begibt sich an den Start. Sein Hund befindet sich in Grundstellung (stehend, sitzend oder liegend) hinter der „START"-Linie. Er leint den Hund ab und nimmt das Halsband ab, dessen Tragen aus Sicherheitsgründen während des Wettbewerbes nicht erlaubt ist. Der

Hundeführer kann sich an einer von ihm gewählten Stelle der Strecke aufstellen. Während des Wettbewerbes darf der Hundeführer nichts in den Händen halten. Er darf weder den Hund, noch eines der Geräte berühren. Der Hundeführer darf die Hindernisse nicht selbst überspringen.

Der Hundeführer gibt seinem Hund den Startbefehl auf Anordnung des Prüfungsrichters, der die Stoppuhr in Gang setzen läßt, sobald der Hund die Startlinie überschritten hat.

Optische und akkustische Signale und Zeichen sind auf der ganzen Strecke erlaubt.

Der Hundeführer achtet peinlich genau darauf, daß die nummerierten Hindernisse in der angeordneten Reihenfolge überwunden werden.

Das Ende der Strecke und des Zeitnehmers ist erreicht, wenn der Hund die „Ziel"-Linie überschritten hat.

3. Agility-Hindernisse

Die durch die FCI anerkannten Hindernisse sind wie folgt:

- die Hürden	- die Wippe	- der Reifen
- der Viadukt oder die Mauer	- die Schrägwand	- der Weitsprung
- der Tisch	- der Slalom	- der Wassergraben
- die Anhaltezone (am Boden)	- der feste Tunnel	- die Kavalettis (= Kleinhindernisse)
- der Laufsteg	- der Sack-Stofftunnel	

Die Hindernisse dürfen keine Gefahr für den Hund darstellen und müssen den nachstehenden Beschreibungen und Abmessungen entsprechen.

3.1. DIE HÜRDEN

3.1.1. EINFACHE HÜRDEN

Höhe: 75 cm (Mini-Agility: 40 cm), Breite mindestens: 120 cm. Die Hürden können verschiedenartig zwischen den beiden begrenzenden Pfosten konstruiert sein: mit Stangen (von Metall oder PVC ist abzuraten) - ausgefüllte Flächen - durchbrochene Flächen - Flächen mit Bürsten.

Alle Hürden, mit Ausnahme der Besenhürde, müssen am oberen Abschluß eine Abwurfstange haben, die durch Berühren des Hundes herunterfallen kann.

3.1.2. DOPPELTE ODER DREIFACHE HÜRDEN

Zusammensetzung aus einfachen Hürden. Sie werden in ansteigender Linie aufgestellt mit einem Höhenunterschied von ungefähr 20 bis 25 cm, die höchte am Schluß muß eine Höhe von 75 cm aufweisen. Die gesamte Tiefe des Hindernisses darf nicht mehr als 70 cm betragen.

3.2. DIE MAUER UND DER VIADUKT

Höhe 75 cm (MINI-AGILITY 40 cm). Mindestbreite 120 cm. Mauerdicke ungefähr 20 cm. Die Mauer besteht aus einer ausgefüllten Fläche, der Viadukt kann ein oder zwei Öffnungen in der Form eines Tunnels aufweisen. Am oberen Teil beider Hindernisse müssen abwerfbare Elemente („Ziegel") in halbrunder Form aufgesetzt sein.

3.3. DER TISCH

Fläche: mindestens 90 x 90 cm, höchstens 120 x 120 cm, Höhe: 75 cm (MINI-AGILITY 40 cm).

Der Tisch muß kippsicher und mit einem rutschfesten Belag versehen sein.

3.4. DIE ANHALTEZONE

Fläche 120 x 120 cm. Am Boden mit einem Lattenholzrahmen von 2 x 5 cm markiert.

3.5. DER LAUFSTEG

Höhe: mindestens 120 cm / höchstens 135 cm, Breite des Laufsteges: mindestens 30 cm / höchstens 40 cm. Länge eines jeden Elementes: mindestens 360 cm / höchstens 420 cm, die Rampen sind mit kleinen Leisten versehen, die in regelmäßigen Abständen befestigt sind (ungefähr alle 20 bis 30 cm), um den Aufstieg zu erleichtern und das Abrutschen zu verhindern. Die unteren Teile der Rampen müssen auf einer Länge von 90 cm, vom Boden an gemessen (auf der Oberseite und den Schmalseiten), in einer anderen Farbe als das restliche Hindernis angestrichen werden, um so die Kontaktzone anzuzeigen. Es sollte keine Leiste auf der oberen Grenze der Kontaktzone angebracht sein, sondern in einem Abstand von wenigstens 10 cm.

3.6. DIE WIPPE

Breite: mindestens 30 cm / höchstens 40 cm, Länge: mindestens 365 cm / höchstens 425 cm, Höhe der Mittelachse zum Boden = 1/6 der Bohlenlänge.

Beispiel: Länge 365 cm = Höhe 60 cm, Länge 425 cm = Höhe 70 cm. Die „Kontaktzone" wie beim Laufsteg. Die Wippe muß standfest und rutschsicher sein.

Bei der Verwendung im MINI-AGILITY sollte man das Einsetzen eines Gegengewichtes vorsehen, welches das Wippen begünstigt.

3.7. DIE SCHRÄGWAND

Setzt sich aus zwei Elementen zusammen, die einen Winkel von 90 Grad bilden. Breite: mindestens 90 cm, die sich im unteren Teil auf 115 cm verbreitern kann. Höchster Punkt senkrecht vom Boden gemessen: 170 bis 190 cm. Die Rampen sind mit Leisten in regelmäßigem Abstand versehen (ungefähr alle 50 cm), um den Aufstieg zu erleichtern und das Abrutschen zu verhindern. Die unteren Teile der Schrägwand müssen auf einer Länge von 106 cm vom Boden aus gemessen (auf der Oberseite und den Schmalseiten) in einer anderen Farbe als das restliche Hindernis, angestrichen werden, um so die Kontaktzone anzuzeigen. Es sollte keine Leiste auf der oberen Grenze der Kontaktzone angebracht sein, sondern in einem Abstand von wenigstens 10 cm. Der Scheitelpunkt der Schrägwand darf keine Gefahr für den Hund bilden: wenn nötig, bringt man zum Schutz eine Firstleiste aus Gummi an.

3.8. DER SLALOM

Anzahl der Stangen: 8, 10 oder 12, Höhe der Stangen: mindestens 100 cm. Zwischenraum zwischen den einzelnen Pfosten 50 bis 65 cm.

3.9. DER FESTE TUNNEL

Innerer Durchmesser: 60 cm / Länge 360 cm. Der feste Tunnel muß aus einem flexiblen Material bestehen, so daß es möglich ist, einen oder mehrere Bögen zu bilden.

3.10. DER SACK-STOFFTUNNEL

Der Eingang wird aus einem festen Bogen von 90 cm Länge gebildet, Höhe: 60 cm, Breite: 60 bis 65 cm. Ausgang aus weichem Material. Länge: 300 cm, Durchmesser: 60 - 65 cm.

3.11. DER REIFEN

Der Durchmesser der Reifenöffnung: mindestens 38 cm / höchstens 60 cm. Entfernung des Öffnungsmittelpunktes zum Boden: 90 cm (MINI-AGILITY: 55 cm). Der untere innere Teil des Reifens muß aus Sicherheitsgründen ausgefüllt sein. Der Reifen soll durch ein System von Ketten oder Seilen in der Höhe verstellbar sein; starre Befestigungssysteme sind nicht erlaubt. Das Gerät muß so stabil gebaut sein, daß es unter keinen Umständen von einem durchspringenden Hund umgeworfen werden kann.

3.12. DER WEITSPRUNG

Zusammengesetzt aus 4 oder 5 Elementen, die in gleichmäßigem Abstand voneinander stehen, um einen Sprung von 120 cm bis 150 cm zu ermöglichen. Länge der Elemente: 120 cm, Höhe des höchsten Elementes: 28 cm, Höhe des niedrigsten Elementes: 15 cm, Breite der Elemente: 15 cm leicht abgeschrägt. Die vier Ecken werden durch Pflöcke gebildet, die mindestens 120 cm hoch und oben mit einem Schutz versehen sind.

3.13. DER WASSERGRABEN

Wasseroberfläche: 120 x 120 cm, maximale Tiefe: 10 cm. Nach Belieben des Richters kann vor dem Wassergraben eine kleine Hürde aufgestellt werden, die eine Höhe von 40 cm nicht überschreiten darf. Die vier Ecken werden durch Pflöcke gebildet, die ungefähr 120 cm hoch und oben mit einem Schutz versehen sind.

3.14. DIE KAVALETTIS (= Kleinhindernisse)

Breite: 120 cm, Höhe: höchstens 30 cm. Eine Zusammensetzung der Kavalettis umfaßt höchstens vier Elemente, die in gleichem Abstand von 160 cm bis 200 cm aufgestellt werden.

4. Die Beurteilungen

Alle Entscheidungen des Richters sind unwiderruflich.

4.1. ALLGEMEINES

Das Ziel des Wettbewerbes besteht darin, den Hund dazu zu bringen, die Gesamtheit der Hindernisse in der vorgeschriebenen Reihenfolge und ohne Fehler und innerhalb der Standardzeit zu bewältigen. Jedoch ist die Standardzeit nur eines der Erfordernisse, auf keinen Fall darf die Schnelligkeit als hauptsächlichstes Kriterium angesehen werden.

AGILITY ist kein Geschwindigkeitslauf, sondern ein Geschicklichkeitslauf.

Bei der Bewertung geht die Entscheidung zu Gunsten des Hundeführers, der innerhalb der Standardzeit die wenigsten Fehler an den Hindernissen hat. Nur im Falle gleicher Anzahl von Fehlern an den Hindernissen berücksichtigt man bei der Reihung die bessere Zeit. Sollten durch Zufall zwei Hunde gleich sein, sowohl bei den Strafen für die Hindernisse wie in der Zeit, so kann der Prüfungsrichter einen zusätzlichen Lauf verlangen, um eine Entscheidung zwischen den beiden Konkurrenten herbeizuführen.

4.2. STRAFPUNKTE

Zwei Arten von Strafpunkten werden angewendet:

- Strafpunkte für Überschreiten der Standardzeit (Zeitfehler)
- Strafpunkte für Fehler/Verweigerungen auf der Strecke

4.2.1. ÜBERSCHREITEN DER STANDARDZEIT

Pro Sekunde über der Standardzeit wird 1 Strafpunkt gerechnet.

4.2.2. FEHLER ALLGEMEINER ART

- Der Hundeführer darf nicht zwischen den Start- oder Zielpfosten durchgehen; tut er es dennoch, bekommt er 5 Strafpunkte. Außerdem wird beim Start die Stoppuhr schon bei seinem Durchgang ausgelöst.
- Der Hundeführer berührt absichtlich seinen Hund während des Umlaufs: 5 Strafpunkte für jede Berührung.
- Der Hundeführer berührt absichtlich ein Hindernis während des Umlaufs: 5 Strafpunkte für jede Berührung.

4.2.3. FEHLER BEI DEN HINDERNISSEN

Jeder Fehler wird mit 5 Strafpunkten geahndet. Jede Verweigerung wird mit 5 Strafpunkten geahndet.

Der Abwurf:

Ein Fehler wird angerechnet, wenn im Sprung ein Element oder das Hindernis selbst fällt. Der Hund wird aber auch mit einem Fehler = 5 Strafpunkten bestraft, wenn ein Teil des Hindernisses oder das Hindernis selbst fällt, nachdem der Hund es übersprungen hat. (Berührt der Hund im Sprung z.B. die Mauerziegel, ohne diese abzuwerfen, werden keine Strafpunkte vergeben. AUSNAHME: DER WEITSPRUNG! Beim Berühren der Elemente des Weitsprungs werden 5 Strafpunkte vergeben.)

Die Kontaktzonen:

Auf der Schrägwand, der Wippe und dem Laufsteg muß der Hund unbedingt wenigstens eine Pfote auf die Kontaktzonen setzen, ebenso beim Aufstieg wie auch beim Abstieg. Die gedachte Verlängerungslinie für die Verweigerung ist das obere Ende der Kontaktzone. Jede Nichtberührung wird mit einem Fehler = 5 Strafpunkte geahndet.

Weitere Fehler: Siehe Punkt 4.2.4. „Spezifische Hindernis-Fehler".

Die Verweigerung:

- Das Stehenbleiben des Hundes vor dem Hindernis.
- Das Stehenbleiben des Hundes auf der Strecke. („Nicht als Verweigerung wird ein Stehenbleiben auf dem Gerät selbst, z.B. auf dem Laufsteg oder der Wippe gewertet. Durch die zusätzlich in Anspruch genommene Zeit werden wahrscheinlich Zeitfehler entstehen.)
- Das seitliche Ausweichen des Hundes, um das Hindernis zu umgehen (gedachte Verlängerungslinie des Hindernisses).
- Das Vorbeilaufen des Hundes am Hindernis und die damit verbundene Wendung, die der Hund machen muß, damit er das Hindernis in der Laufrichtung überqueren kann.
- Das Unterlaufen eines Hindernisses (z.B. Tisch, Stangenhürde).
- Das Durchspringen zwischen Rahmen und Reifen.
- Das „Übergehen" statt Überspringen des Weitsprunges.
- Ein Zurückziehen des Kopfes oder der Pfote aus der Tunnelöffnung sowie das Umkehren im Tunnel.
- Das Abspringen vom Laufsteg und der Schrägwand, bevor der Hund alle vier Pfoten auf der Abstiegsrampe hat.
- Das Abspringen von der Wippe, bevor diese zu „kippen" beginnt.
- Der falsche Eintritt in den Slalom.
- Der (erste) Aufsprung auf den Tisch über die Seite „D" - der Hund muß aber nicht vom Tisch, um ihn über Seite A, B oder C nochmals anzuspringen.

Im Falle einer Verweigerung muß der Hundeführer den Hund am verweigerten Hindernis neu ansetzen. Der Hund muß dann dieses Hindernis passieren. Bringt der Hundeführer seinen Hund nicht zu dem verweigerten Hindernis zurück, wird er disqualifiziert. Beim Slalom besteht die zusätzliche Auflage, daß der Hund nicht nur bei einer Verweigerung, sondern auch bei Torfehlern sofort an die Fehlerquelle zurückgebracht werden muß. (Der Hundeführer darf dabei weder den Hund noch das Gerät berühren.)

Bei Abwurffehlern oder Nichtberühren der Kontaktzone werden zwar Strafpunkte vergeben, der Lauf wird jedoch nicht unterbrochen.

Die Start- und Zielbegrenzungen sind kein Hindernis.

Ein Vorbeilaufen des Hundes an den Zielstangen wird nicht mit einer Verweigerung oder einem Fehler bestraft. Der Hundeführer muß den Hund in der vorgeschriebenen Richtung durch das Ziel bringen, ohne dabei den Hund oder die Begrenzung zu berühren.

Läuft ein Hund gegen die vorgeschriebene Richtung durch das Ziel und löst dadurch z.B. die elektronische Zeitnehmung aus, wird die Zeit der Handstoppung genommen, die der zweite Zeitnehmer erst stoppt, wenn der Hund in der vorgeschriebenen Weise durch das Ziel läuft.

Zu einer Disqualifikation beim Ziel kann es kommen, wenn der Hund nicht mehr in der Kontrolle des Hundeführers steht oder der Hund ein Hindernis überspringt.

Diese Vorgehensweise hat auch für den Tisch Gültigkeit, wenn er beim Jumpingwettbewerb als Start und Ziel eingesetzt wird. (Also auch ein Unterlaufen des Tisches ist in diesem Fall nicht mit einer Verweigerung zu bestrafen!).

Ein Durchlaufen des Hundeführers durch Start und Ziel wird jedoch als Fehler = 5 Strafpunkte gewertet.

4.2.4. SPEZIFISCHE HINDERNIS-FEHLER

DER TISCH:

Auf dem Tisch muß der Hund während 5 Sekunden verweilen und zwar in der vom Richter festgelegten Position:
- Im ersten Grad: liegende Position
- Im zweiten Grad: vor der Prüfung bestimmt der Prüfungsrichter die gewünschte Position, entweder: liegend, sitzend oder stehend. Die gewählte Position ist dann für alle Konkurrenten der Prüfung gleich.

In der liegenden Stellung dürfen Vorderpfoten vom Tisch hängen, die Ellbogen müssen allerdings auf dem Tisch aufliegen.

Wenn der Hund den Tisch vor Ende der 5 Sekunden und vor dem Befehl des Prüfungsrichters verläßt, wird er mit 5 Punkten bestraft.

Er muß erneut auf den Tisch springen und die restliche Zeit in der vorgeschriebenen Stellung verharren. Andernfalls wird er disqualifiziert.

Die Zeitnehmung beginnt erst, wenn der Hund in der vorgegebenen Stellung ist. Sie wird unterbrochen, wenn der Hund diese Stellung verläßt, und erst wieder aufgenommen, sobald er sie wieder einnimmt. Der Sprung auf den Tisch ist von drei Seiten her erlaubt, nämlich A - B und C. Wenn der Hund am Tisch vorbeigeht und die Seite D zum Aufspringen benutzt, wird er mit einer Verweigerung bestraft, muß aber nicht ausscheiden wegen Angehens eines Hindernisses von der verkehrten Seite.

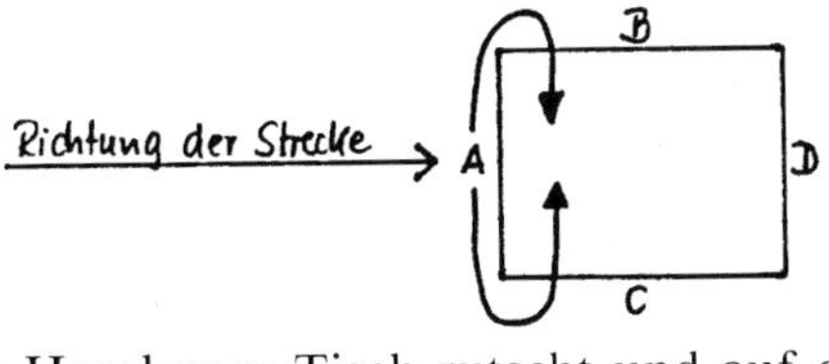

Wenn der Hund vom Tisch rutscht und auf der Seite D wieder aufspringt, wird dies als Fehler bewertet, der Hund aber nicht disqualifiziert.

Wenn der Hund unter den Tisch geht, wird dies als Verweigerung mit allen Konsequenzen bewertet.

DIE ANHALTEZONE AM BODEN:

Diese darf nie am Anfang oder Ende der Strecke plaziert sein. Der Hund muß in der vorgegebenen Position einen Stopp von 5 Sekunden im Inneren der markierten Zone einlegen. Die Strafen werden in derselben Art und Weise bewertet wie für den Tisch. Der Hund muß sich mit seinem ganzen Körper im Inneren der Zone befinden, allerdings darf seine Rute über die Begrenzung hinausragen. Ein Auflegen der Pfoten auf den Rahmen der Anhaltezone ist nicht gestattet.

DER LAUFSTEG:

Kontaktzonenfelder = 5 Strafpunkte

Der Hund, der vom Hindernis springt, ohne vorher mit allen vier Pfoten den absteigenden Teil berührt zu haben, wird mit einer Verweigerung bestraft: 5 Punkte.

DIE WIPPE:

Kontaktzonenfehler = 5 Strafpunkte

Der Hund, der von der Wippe springt, bevor er die Achse der Wippe überschritten hat (bevor diese zu kippen beginnt), wird mit einer Verweigerung bestraft: 5 Punkte.

Der Hund, der von der Wippe springt, bevor die Wippe den Boden berührt, auch wenn der Hund bereits die Kontaktzone betreten hat, wird mit einem Fehler bestraft = 5 Strafpunkte.

DIE SCHRÄGWAND

Kontaktzonenfehler = 5 Strafpunkte

Der Hund, der von der Schrägwand springt, bevor er mit allen vier Pfoten die absteigende Wand berührt hat, wird mit einer Verweigerung bestraft: 5 Punkte.

DER SLALOM

Das Maximum der Strafpunkte beim Slalom ist auf 15 festgesetzt und zwar:

- zwei Verweigerungen = 10 Strafpunkte
- Torfehler (einer oder mehrere) = 5 Strafpunkte

Eine Verweigerung wird ausgesprochen, wenn der Hund den Slalom nicht richtig beginnt. (Nicht als Verweigerung oder Fehler gilt ein kurzes Anhalten während des Durchlaufes, der Hund wird durch die zusätzlich in Anspruch genommene Zeit bestraft.)

Die erste Stange dieses Hindernisses muß sich auf der linken Seite des Hundes befinden. Der Hund muß sofort wieder bei der ersten Stange angesetzt werden.

Ein Fehler wird ausgesprochen, wenn der Hund eine Stange ausläßt. Für alle Torfehler wird nur ein Fehler (5 Strafpunkte) gegeben, jedoch muß der Hundeführer seinen Hund immer zur Fehlerquelle zurückbringen, ohne ihn oder das Hindernis zu berühren. Dadurch entsteht ein zusätzlicher Zeitaufwand, der unter Umständen zu Zeitfehlern führen kann.

Überquert bzw. durchläuft der Hund das nächste Gerät, ohne den Slalom korrekt bewältigt zu haben, wird eine Disqualifikation ausgesprochen.

DER WEITSPRUNG

Die Elemente des Weitsprungs werden so aufgestellt, daß man einen Sprung von 1,20 bis maximal 1,50 m erhält. In der Breite überspringen oder am Hindernis vorbeispringen wird als eine Verweigerung gewertet und mit 5 Punkten bestraft. Berühren, Umwerfen eines Elementes oder eine Pfote zwischen die Elemente setzen, wird mit 5 Punkten bestraft.

DER WASSERGRABEN

Vergleichbar mit dem Weitsprung, ist durch eine niedrige Hürde vervollständigt, die nach Anweisung des Prüfungsrichters aufgestellt wird. Die Strafbestimmungen sind die gleichen wie für den Weitsprung. Wenn der Hund die Wasseroberfläche berührt, erhält er 5 Strafpunkte.

DIE KOMBINATION VON ZWEI ODER DREI HINDERNISSEN

Jedes der Elemente einer Kombination wird unabhängig beurteilt. Verweigerungen oder Abwürfe werden addiert. Im Falle einer Verweigerung eines Hindernisses ist mit der Gesamtheit der Kombination neu zu beginnen.

4.3. FEHLER, DIE DEN AUSSCHLUSS NACH SICH ZIEHEN

- Unkorrektes Verhalten dem Prüfungsrichter gegenüber.
- Mißhandlung des Hundes.
- Überschreiten der Höchstzeit.
- Bei der dritten Verweigerung auf der gesamten Strecke.
- Wenn die Hindernisse nicht in der angegebenen Reihenfolge überquert werden (dies gilt auch für das Unterlaufen, Überspringen oder Durchlaufen eines nicht in der Reihenfolge stehenden Gerätes).
- Auslassen eines Hindernisses.
- Wenn der Hund ein Hindernis „abräumt", bevor er es übersprungen hat.
- Überqueren eines Hindernisses entgegen der Laufrichtung.
- Der Hundeführer überspringt selbst ein Hindernis.
- Der Hundeführer unterläuft oder durchläuft ein Hindernis, Ausnahme: der Prüfunsrichter gibt seine Erlaubnis vor Prüfungsbeginn.
- Der Hundeführer hält etwas in der Hand.
- Der Hundeführer nimmt seinen Hund an den Start zurück, nachdem derselbe schon die Startlinie überschritten hatte (Ausnahme auf den Befehl des Prüfungsrichters).
- Wenn der Hund ein Halsband trägt.
- Unterbrechen der Arbeit des Hundes auf dem Parcours durch den Hundeführer, ohne Anordnung des Richters.
- Wenn sich der Hund am Parcours „löst".
- Wenn der Hund den Parcours verläßt, z.B. Überspringen der Parcourseingrenzung (nicht als „Verlassen des Parcours" wird gewertet, wenn der Hund, um von einem Hindernis zum anderen zu kommen, kurzzeitig die Absperrung unterläuft, aber voll in der Kontrolle des Hundeführers steht).
- Wenn der Hund offensichtlich nicht in der Kontrolle des Hundeführers ist.

Der Ausschluß zieht die Disqualifikation nach sich, der Hundeführer und sein Hund müssen den Parcours sofort verlassen. Die Disqualifikation muß (durch Pfeifton oder Hornsignal) vom Prüfungsrichter angezeigt werden.

Alle hier nicht angegebenen Fälle werden durch den Prüfungsrichter beurteilt, selbstverständlich soll der Prüfungsrichter vom Beginn bis zum Ende des Wettbewerbes von gleicher Milde oder gleicher Strenge sein.

4.4. FÄLLE VON HÖHERER GEWALT

Bei einem Zwischenfall ohne Zutun des Hundeführers, wie z.B. das Umfallen von Hindernissen, das Verwickeln des Stofftunnels, kann der Prüfungsrichter den Hundeführer anhalten und selbstverständlich auch die Zeitnahme.

Nachdem das Hindernis wieder in Ordnung gebracht ist, läßt der Prüfungsrichter die Zeitnahme wieder aufnehmen und setzt den Hund wieder an der Stelle an, wo er angehalten wurde. Alle vor dem Zwischenfall vergebenen Strafpunkte behalten ihre Gültigkeit.

5. Qualifikationen / Auszeichnungen

Für die Prüfungen werden folgende „Qualifikationen" zuerkannt:

von 0 bis 5 Gesamtstrafpunkten = Vorzüglich
von 6 bis 15 Gesamtstrafpunkten = Sehr gut
von 16 bis 25 Gesamtstrafpunkten = Gut
über 25 Gesamtstrafpunkte = keine Bewertung

Unter Gesamtstrafpunkten sind zu verstehen die Fehlerpunkte an den Hindernissen plus Strafpunkte für das Überschreiten der Standardzeit.

Das „AGILITY-Diplom" wird jedem Hund zuerkannt, der die Bewertungen „Vorzüglich" oder „Sehr gut" bei **2 Wettbewerben** in **„AGILITY 1"** erhalten hat.

Eine Prüfung gilt als bestanden mit einer Auszeichnung, wenn der Hund „vorzüglich" oder „sehr gut" erhalten hat.

6. Klassifizierung / Reihung:

Die Reihung erfolgt unter Berücksichtigung:

1.) Der Summe der Strafpunkte
(Fehler auf der Strecke + Zeitstrafen)

2.) Im Falle gleicher Gesamtstrafen, wird jener Hund als erster gereiht, der die wenigsten Streckenfehler aufzuweisen hat.

3.) Im Falle gleicher Gesamtstrafen und gleicher Streckenfehler berücksichtigt man die reale Zeit.

Beispiel: Standardzeit für die Strecke = 60 Sekunden

Wenn man bei der Zeitnehmung zehntel oder hundertstel Sekunden berücksichtigt, so werden für die Zuerkennung einer „Qualifikation" die Punkte abgerundet.

Beispiel: Zeitstrafen 5,80, für die Reihung behält man 5,80 bei, aber für die Bewertung wird auf 5 Punkte abgerundet.

Start-Nr.	Fehler-punkte	Reale zeit	Zeit-strafen	Gesamt-fehler	Reihung-fehler
7	5	58	0	5	3. Rang
12	0	65	5	5	1. Rang
18	5	57	0	5	2. Rang
4	0	68	8	8	4. Rang
15	10	59	0	10	6. Rang
2	5	65	5	10	5. Rang

7. Organisation eines Wettbewerbes:

Die Vereine, die AGILITY-Prüfungen durchführen wollen, müssen folgende Punkte beachten:

1.) Gelände mit den Mindestmaßen von 20 m x 40 m. Die Beschaffenheit des Bodens muß derart sein, daß auf dem gesamten Gelände keinerlei Gefahr für den Hund oder den Hundeführer besteht. (Keine Glasscherben, Nägel, Unebenheiten, usw.).

2.) Einen Prüfungsrichter auswählen, der für das vorliegende Programm vom VDH und der F.C.I. anerkannt ist.

3.) Es sollen folgende fachkundige Helfer zur Verfügung stehen, um einen reibungslosen Ablauf des Wettbewerbes zu gewährleisten:

ASSISTENTEN FÜR DEN RICHTER: Ihre Aufgabe ist es, die Fehlerpunkte, die der Richter angibt, sofort niederzuschreiben, damit der Richter den Hund nicht aus den Augen lassen muß.

ZEITNEHMER: Er ist mit der Zeitnahme betraut.

ZWEI HELFER: Sie sind mit der Aufgabe betraut, die umgefallenen Elemente oder Hindernisse auf ihren Platz zu stellen und den Stofftunnel NACH JEDEM DURCHLAUF wieder gerade zu legen.

ZWEI SCHRIFTFÜHRER, um die Resultate auf die Beurteilungsblätter zu übertragen, die Reihung aufzustellen und die Leistungshefte auszufüllen.

HELFER FÜR DIE TEILNEHMER: mit der Aufgabe, die Konkurrenten in der vorgesehenen Reihenfolge vorzubereiten, um Stockungen zu vermeiden und den guten Ablauf der Prüfung zu gewährleisten.

Eine Mannschaft von ca. 6 Personen ist vorzusehen für das Aufstellen und Versetzen der Hindernisse, gemäß den Angaben des Richters.

8. Allgemeine Bedingungen für die Zulassung zu den Wettbewerben

An den Wettbewerben können teilnehmen:

8.1. An den von der F.C.I. anerkannten, offiziellen AGILITY-Prüfungen, die für die Zuerkennung des F.C.I.-AGILITY Diploms und für die Qualifikation zur Teilnahme an der AGILITY-Europameisterschaft der F.C.I. zählen.

Hunde aller Rassen, die älter als 15 Monate sind, in einem durch die F.C.I. anerkannten Zuchtbuch eingetragen sind und deren Eigentümer Mitglied einer FCI angeschlossenen Organisation sind.

Die Teilnehmer **müssen ein Leistungsheft besitzen**, ausgegeben durch ein Mitglied ihrer Landesorganisation, in welches alle Prüfungsergebnisse eingetragen werden.

8.2. An den nicht-anerkannten Prüfungen:

Hunde, die älter als 15 Monate sind, mit oder ohne Stammbaum, und deren Eigentümer Mitglied einer der FCI angeschlossenen Organisation sind.

8.3. An Prüfungen können nicht teilnehmen:
- Trächtige Hündinnen
- Läufige Hündinnen
- Offensichtlich kranke oder verwundete Hunde.

Alle Hunde, die aus einer Region kommen oder in eine Region gehen, in welcher Tollwut herrscht, müssen eine gültige Bescheinigung über die Tollwut-Impfung vorweisen.

8.4. Der Eigentümer muß Mitglied einer der F.C.I./VDH angeschlossenen Organisation sein. Seine Anmeldung muß vom Vorsitzenden seines Mitgliedsvereins unterschrieben sein.

8.5. Ausländische Mannschaften, Hundeführer/Hund, müssen ihre Zugehörigkeit zu einer durch die F.C.I. anerkannten L.O. und ihre Teilnahme an offiziellen Wettbewerben ihres Landes nachweisen.

Von den Konkurrenten wird ein korrektes Benehmen erwartet. Jeder Akt von Brutalität gegenüber seinem Hund wird strengstens bestraft, die Disqualifizierung erfolgt sofort, unabhängig von jedem weiteren Rechtsmittel, welches gegen den Hundeführer eingeleitet wird.

Die Disqualifikation erfolgt gemäß Rahmenbestimmungen zur VDH-Prüfungsordnung (Disziplinarrecht).

8.6. Allgemeine Bedingungen für die Durchführung

Alle Agility-Veranstaltungen der Vereine bedürfen der Terminschutzgewährung.

Im Sportpaß dürfen nur termingeschützte und vom zugeteilten Prüfungsrichter abgenommene Wettkämpfe eingetragen werden. Für alle Veranstaltungen sind die vorgeschriebenen Formulare zu verwenden.

Bei allen Agility-Veranstaltungen können Gastsportler teilnehmen, sofern die Anmeldescheine beim durchführenden Verein zum Meldeschluß vorliegen.

Bei Agility-Wettkämpfen können von den Veranstaltern Startgebühren erhoben werden, deren Höhe von den Vereinen in eigener Verantwortung festgelegt wird.

Alle Agility-Wettkämpfe sind entsprechend dem Tierseuchengesetz anmeldepflichtig. Näheres hierzu sagen die einschlägigen gesetzlichen

Bestimmungen. Bei örtlichen Wettkämpfen sind eventuelle regionale Auflagen zu beachten. Die Vereine müssen sich diesbezüglich rechzeitig informieren.

Jeder Teilnehmer hat auf dem Anmeldeschein den Abschluß einer Haftpflichtversicherung für seinen Hund unterschriftlich zu bestätigen. Die geführten Hunde müssen mit einer den gesetzlichen Vorschriften entsprechenden Tollwut-Schutzimpfung versehen sein.

9. Kategorie der Prüfungen der Arbeitsklassen

Um die Strecke aufzustellen, verwendet der Prüfungsrichter die von der F.C.I. anerkannten Hindernisse nach seinem Gutdünken.

Zwei Kategorien von Prüfungen sind vorgesehen

9.1. Offizielle Agility-Prüfungen, anerkannt durch die F.C.I.

Diese Prüfungen stehen Hunden aller Rassen offen, die mehr als 15 Monate alt sind, in einem durch F.C.I. anerkannten Zuchtbuch eingetragen und mit einem durch ein Mitglied ihrer L.A.O. ausgehändigten Leistungsheft versehen sind.

Die anerkannten Prüfungen umfassen drei Klassen:

9.1.1. AGILITY-1 (Standardzeit 1,80 m/s)

Den Hunden vorbehalten, die ihr „AGILITY-Diplom" noch nicht erhalten haben.

Auf einer AGILITY-Strecke läßt man den Hund auf höchstens drei Hindernissen mit Kontaktzonen arbeiten (nach Wahl des Prüfungsrichters).

Pro Strecke darf der Slalom nur einmal vorkommen. Die Hindernisse mit Kontaktzonen werden niemals direkt beim „Start" oder beim „Ziel" aufgestellt.

Der Reifen oder der Weitsprung sind so aufzustellen, daß sie mit geradem Anlauf überquert werden können.

9.1.2. AGILITY-2 (Standardzeit 2,75 m/s)

Den Hunden offenstehend, die schon ihr „AGILITY-Diplom" besitzen. Der Unterschied zwischen Agility 1 und Agility 2 besteht in:

- der Schwierigkeit im Streckenverlauf und in seiner Länge,
- der Bewegungsgeschwindigkeit, die die Standardzeit für die Strecke festlegt.

9.1.3. MINI-AGILITY 1 und 2

Den kleinen Hunden vorbehalten (weniger als 40 cm Widerristhöhe). Zugangsbedingungen wie jene von AGILITY 1 und 2.

Anmerkung: Hunde mit weniger als 40 cm Widerristhöhe dürfen **nur** in Klassen „MINI-AGILITY" teilnehmen.

Für MINI-AGILITY gelten die gleichen Vorschriften wie oben, aber die Hindernisse müssen den festgelegten Normen für die „MINI-AGILITY" entsprechen:

Höhe der Hürden	= 40 cm	Höhe des Reifens	= 40 cm
Höhe der Mauer	= 40 cm	Höhe des Tisches	= 40 cm

Es sollte unbedingt darauf geachtet werden, daß die Strecke für MINI-AGILITY nicht zu lang ist. Die bei anerkannten Prüfungen erhaltenen Resultate werden in den Sportpaß eingetragen und erlauben die Teilnahme an Nationalen Meisterschaften, selbst an Europa-Meisterschaften der F.C.I.

9.2. Nicht-anerkannte Prüfungen

Sie sind der Initiative der einzelnen Vereine überlassen. Diese „nicht-anerkannten" Prüfungen müssen im Sinne der „AGILITY" bleiben und die Sicherheit von Hund und Hundeführer gewährleisten. Der Prüfungsrichter gibt die Regeln vor jeder Prüfung genau bekannt.

Die Bewertung von nicht-anerkannten Prüfungen kann dem Standard entsprechen oder dem Typ der Prüfung angepaßt sein.

Die Anzahl von nicht-anerkannten Prüfungen wird vom Organisationsclub, unter Berücksichtigung der verfügbaren Zeit und der Anzahl der eingeschriebenen Hunde, festgelegt.

9.2.1. Offene Wettbewerbe

Außer AGILITY 1 und 2 (MINI-AGILITY 1 und 2) Wettbewerben gibt es zusätzlich noch die Möglichkeit, sogenannte „offene Wettbewerbe" durchzuführen.

Es ist dem Veranstalter überlassen, wie viele offene Wettbewerbe und welche Art er zusätzlich durchführt.

Für die Hundeführer besteht somit die Möglichkeit, nicht nur an einem Wettbewerb teilzunehmen.

Für die Teilnahme an einem „Offenen Wettbewerb" sind jeweils die für diesen Wettkampf festgelegten Bestimmungen gültig.

VERSCHIEDENE HÜRDEN *)

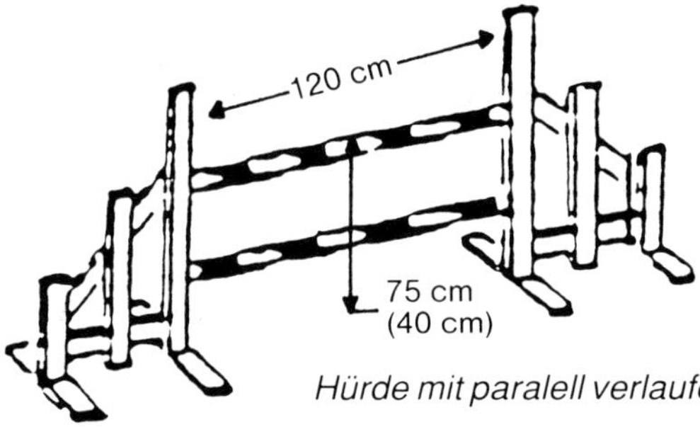

Hürde mit paralell verlaufenden Balken

Hürde mit gekreuzten Balken

Gitterhürde

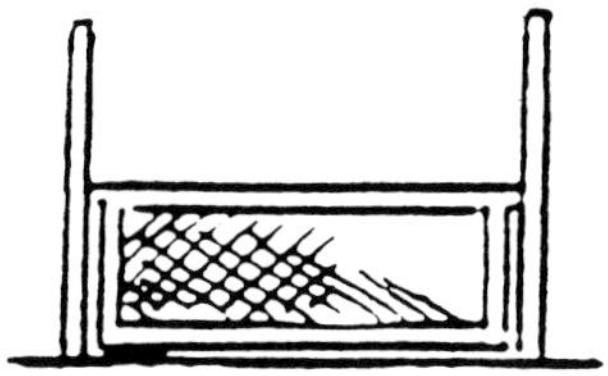

Vollflächenhürde

Bürstenhürde

*) in Klammern sind die Maße für Mini-Agility angegeben.

TISCH

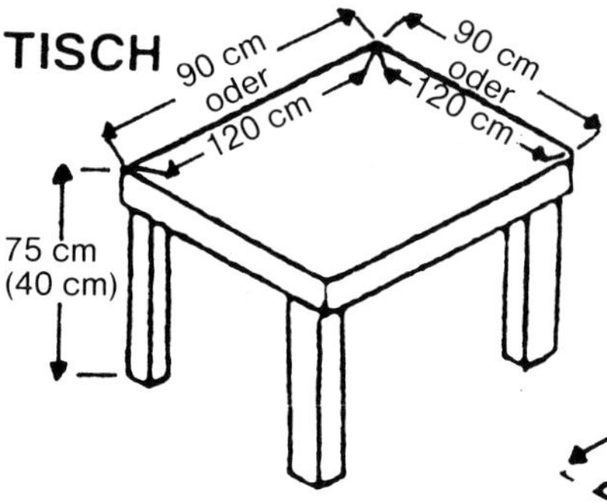

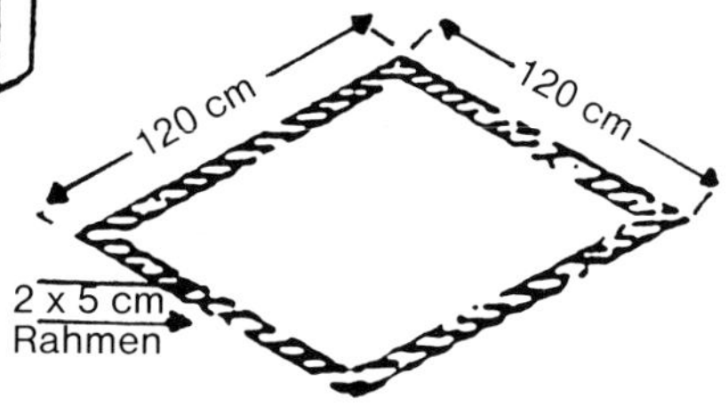

HALTEZONE

MAUER

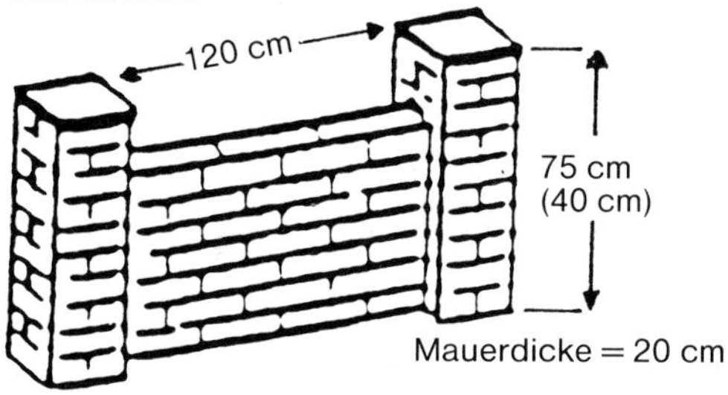

VIADUKT

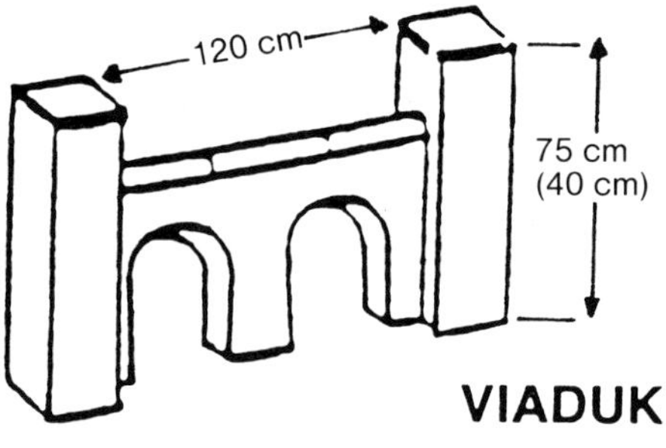

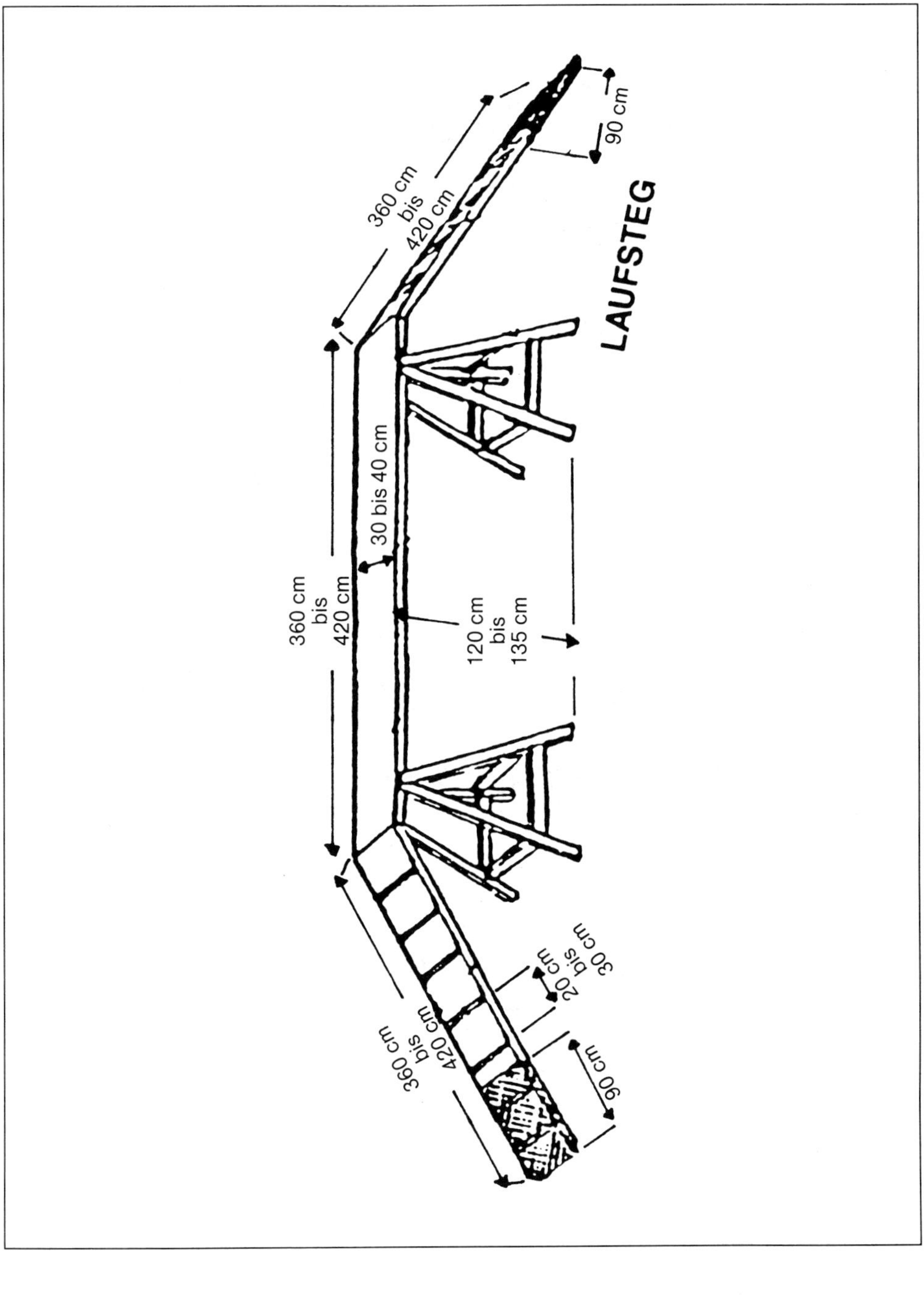
LAUFSTEG
360 cm
bis
420 cm
90 cm
360 cm
bis
420 cm
30 bis 40 cm
120 cm
bis
135 cm
360 cm
bis
420 cm
20 cm
bis
30 cm
90 cm

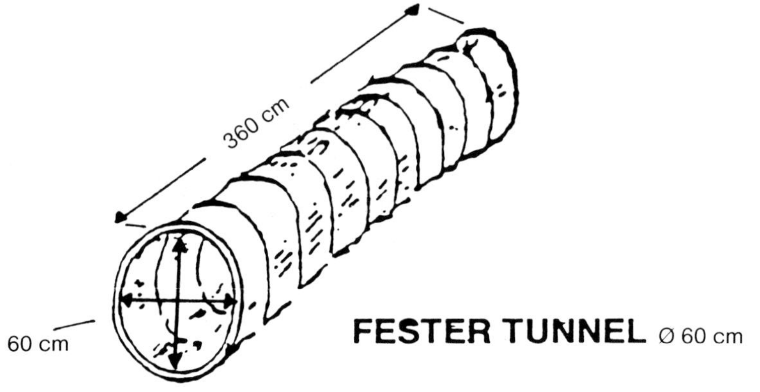
360 cm
60 cm
FESTER TUNNEL Ø 60 cm

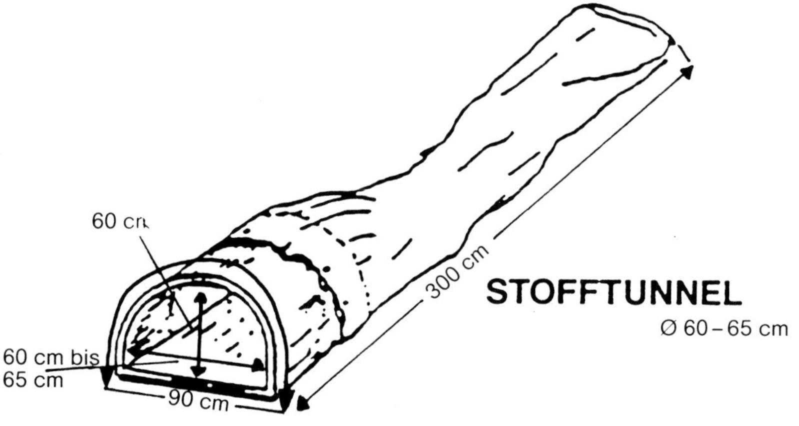
60 cm
300 cm
STOFFTUNNEL
Ø 60 – 65 cm
60 cm bis
65 cm
90 cm

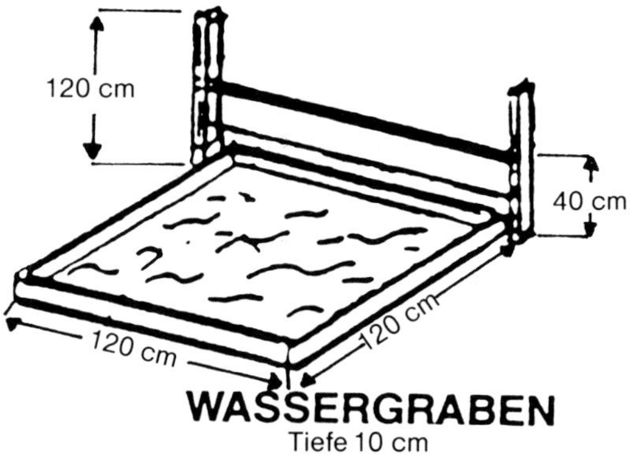
120 cm
40 cm
120 cm
120 cm
WASSERGRABEN
Tiefe 10 cm

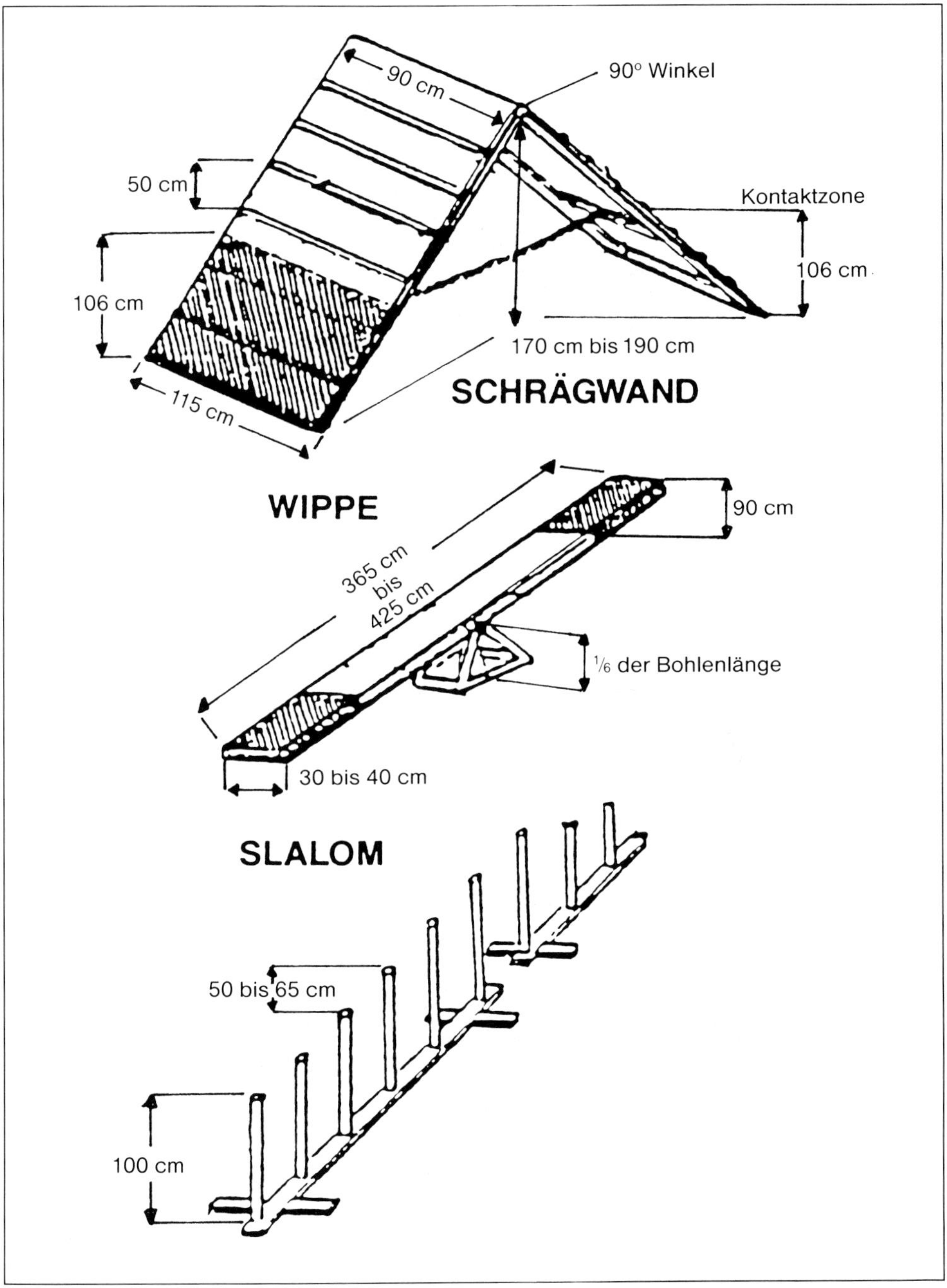
90 cm
90° Winkel
50 cm
Kontaktzone
106 cm
106 cm
170 cm bis 190 cm
115 cm
SCHRÄGWAND
WIPPE
90 cm
365 cm
bis
425 cm
1/6 der Bohlenlänge
30 bis 40 cm
SLALOM
50 bis 65 cm
100 cm

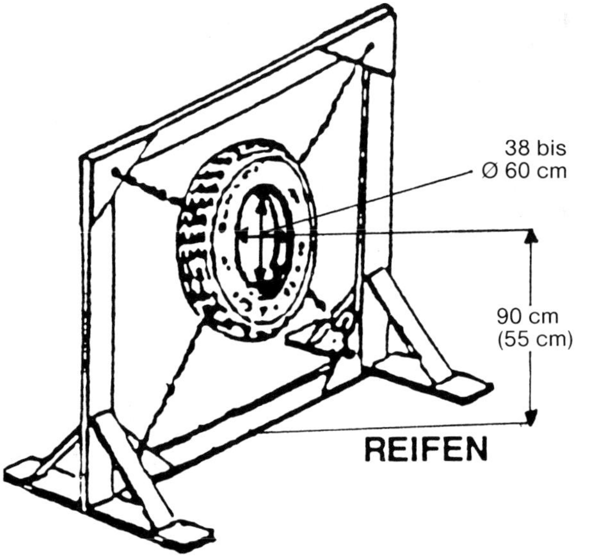
38 bis
Ø 60 cm
90 cm
(55 cm)
REIFEN

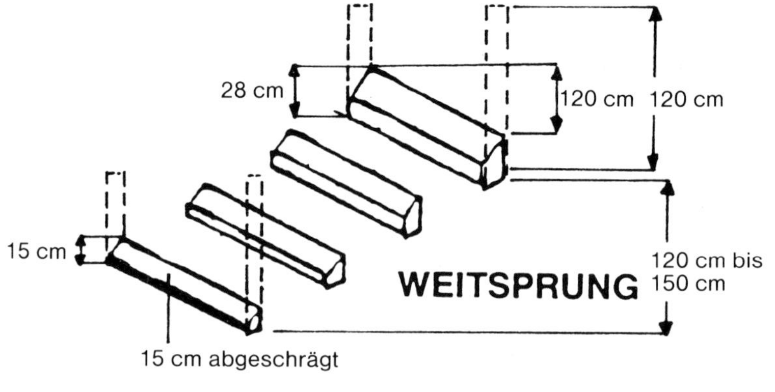
28 cm
120 cm
120 cm
15 cm
120 cm bis
150 cm
WEITSPRUNG
15 cm abgeschrägt

WICHTIGE ANSCHRIFTEN

Ruth Hobday empfiehlt den Agility-Sportlern, die Ausbildung und Führung ihrer Hunde in enger Zusammenarbeit mit den Hundesportvereinen durchzuführen. In der Bundesrepublik Deutschland finden Sie die meisten Parcours beim **Deutschen Verband der Gebrauchshundsportvereine e.V. (DVG)** und beim **Verein für Deutsche Schäferhunde (SV) e.V.**
Nachstehend eine Übersicht der nach Bundesländern aufgeteilten Kontaktadressen:

Deutscher Verband der Gebrauchshundsportvereine e.V.

Deutscher Hundesportverband e.V.
Geschäftsstelle:
Gustav-Sybrecht-Straße 42
44536 Lünen
Tel.: 0231/87949

Südwestdeutscher
Hundesportverband e.V.
Geschäftsstelle: Geranienstraße 8
73663 Berglen, Tel.: 07195/71881
vertreten im Bundesland
Baden-Württemberg und in der Pfalz

Berliner Verband
der Hundesportvereine e.V. (BHV)
Geschäftsstelle: Waldstraße 72
15732 Schulzendorf, Tel.: 030/3317714

Deutscher Verband der
Gebrauchshundsportvereine e.V.
Hauptgeschäftsstelle:
Gustav-Sybrecht-Straße 42
44536 Lünen, Tel.: 0231/87949
vertreten in Baden-Württemberg:
Heinrich Ziegenrücker, Tel.: 0771/15140
Berlin-Brandenburg:
Klaus Kriegs, Tel.: 030/6067192
Hamburg:
Robert Gramentz, Tel.: 040/8315155
Niedersachsen:
Jörg von Storren, Tel.: 05066/61154
Nordrheinland:
Bernd Sander, Tel.: 0203/82110
Ravensberg-Lippe:
Klaus Lücke, Tel.: 05258/7811
Saarland:
Wolfgang Kellmeyer, Tel.: 06854/8970
Schleswig-Holstein:
Horst Nell, Tel.: 04321/83444
Weser-Ems:
Horst Liedeker, Tel.: 0421/211106
Westfalen:
Bernhard Kamm, Tel.: 02562/2827
Mecklenburg-Vorpommern:
Günther König, Tel.: 0382/927542
Sachsen-Anhalt:
Karsten Steffen, Tel.: 03941/601999

Deutscher Sporthund Verband e.V.
Geschäftsstelle: Hans-Böckler-Straße 48
41063 Mönchengladbach
Tel.: 02161/895426

Bayerischer Landesverband für
Hundesport e.V.
Geschäftsstelle: Allinger Straße 97
82223 Eichenau
Tel.: 08141/72535 oder 80567

Schutz- und Gebrauchshunde-
Sportverband
Geschäftsstelle: Gottfried-Keller-Weg 10
04416 Markkleeberg
Tel.: 0341/3580823

Hundesportverband Rhein-Main e.V.
Geschäftsstelle: Kreuzstraße 55
64331 Weiterstadt
Tel.: 06150/2113

Verein für Deutsche Schäferhunde (SV) e.V.
Hauptgeschäftsstelle, Verein für Deutsche Schäferhunde e.V.,
Herrn Direktor Clemens Lux, Steinerne Furt 71, 86167 Augsburg,
Tel.: 0821/74002-0, Fax: 0821/703489

LG 1 **Hamburg/Schleswig-Holstein:** Hans-Peter Schweimer, Schulweg 19
25451 Quickborn, Tel.: 04106/653001, Fax: 04106/653002

LG 2 **Berlin-Brandenburg:** Werner Albrecht, Nordweg 72 a, 14089 Berlin,
Tel. priv.: 030/36282740, Tel. dienstl.: 030/77765316, Fax: 030/36282742

LG 3 **Niedersachsen:** Bruno Eierund, Neue Straße 11-12, 31191 Algermissen,
Tel.: 05126/2341 od. 2072, Auto: 0171/7444343, Fax: 05126/2515

LG 4 **Waterkant:** Manfred Hessler, Witteborg 8, 28777 Bremen,
Tel.: 0421/680867, Fax: 0421/689446

LG 5 **Nordrheinland:** Horst Cremer, Kolpingstraße 18, 53359 Rheinbach,
Tel.: 02226/10638

LG 6 **Westfalen:** Gregor Wichmann, Schmiesheide 5, 59399 Olfen,
Tel.: 02595/98333, Fax: 02595/98334

LG 7 **Ostwestfalen/Lippe:** Wolfgang Henke, Bahnhofstraße 60, 59469 Ense
Tel.: 02931/1777 und 1744, Fax: 02931/1778

LG 8 **Hessen-Süd:** Heinz Hühn, Am Sportplatz 5, 63584 Gründau,
Tel.: 06051/3321

LG 9 **Hessen-Nord:** Karl Krug, Oberzwehrener Straße 59, 34132 Kassel,
Tel.: 0561/41391

LG 10 **Rheinland-Pfalz:** Heinz Scheerer, Heister-Sturm-Straße 6, 56357 Geisig,
Tel.: 06776/729

LG 11 **Saarland:** Helmut König, Gaulheck 26, 66578 Schiffweiler,
Tel.: 06821/64505

LG 12 **Baden:** Willi Koch, Siemensallee 29, 76185 Karlsruhe,
Tel.: 0721/375011

LG 13 **Württemberg:** Volker Diesem, Lembergweg 23, 71563 Affalterbach,
Tel. priv.: 07144/37370, Tel. dienstl.: 0172/9204545

LG 14 **Bayern-Nord:** Dieter Ortlauf, Danziger Straße 4, 63796 Kahl,
Tel. priv.: 06188/900445, Fax: 06188/900447

LG 15 **Bayern-Süd:** Gerhard Hörth, Heubergweg 22, 82490 Farchant,
Tel.: 08821/6408, Fax: 08821/61533

LG 17 **Thüringen:** Thomas Teubert, Ortsstraße 6 a, 07381 Döbritz,
Tel.: 03647/414752

LG 18 **Sachsen:** Andreas Rudolph, Tannengrund 6, 08439 Lauterbach,
Tel.: 03762/2160

LG 19 **Sachsen-Anhalt:** Horst Blume, Hirtentor 12, 39179 Barleben,
Tel.: 039203/5464

LG 20 **Mecklenburg/Vorpommern:** Rolf Rödel, Satower Straße 149, 18059 Rostock,
Tel.: 0381/4001791, Tel. dienstl.: 0381/3504342, Fax: 0381/4001103

Deutschsprachige Länder

Österreich:
Sportreferat Österreichischer
Kynologenverband
Agility-Kommissionsvorsitzender
Ing. Kurt Radnetter
Johann-Teufel-Gasse 8, A-1238 Wien

Österreichischer Verein für
Deutsche Schäferhunde
Dr. Wolfgang Tauber
Linzer Straße 342, A-1140 Wien

Schweiz:
Agility-Mobility Hund und Freizeit
Sekretariat:
Liliane Binggeli
Postfach
CH-2532 Magglingen

Schweizerischer Schäferhund Club (SG)
Herrn Präsident Bruno Jäggi
Buchenweg 12
CH-4600 Olten

Hundeerziehung... leicht gemacht

Dr. Roger Mugford - HUNDEERZIEHUNG 2000, Irrtumsfreies Lernen
Dieses Buch erhebt den Anspruch, wissenschaftlich fundiert und für jeden Hundebesitzer verständlich Wege der Hundeerziehung aufzuzeigen, die auch noch im Jahre 2000 gültig sein werden. Dr. Roger Mugford ist weltweit als Hundeexperte anerkannt, Halti, Kong und Boomerball sind seine Erfindungen, die überall bei der Erziehung helfen. Nach diesem Buch werden Hunde mit einem Minimum an Zwang und einem Maximum an Wissen um ihre Lernfähigkeit harmonisch in die menschliche Umwelt integriert. Nicht Unterordnung, sondern Belohnung stehen im Vordergrund der Mugford'schen Erziehungslehre. 200 Seiten, 76 Farbfotos, reizvoll illustriert. DM 52,--

John Rogerson - HUNDEERZIEHUNG... TIERISCH GUT!
Für erfolgreiche Hundeerziehung bieten sich zwei Wege - Unterdrückung unerwünschter Handlungen und Verstärkung richtigen Tuns durch Lob. Das Aktivieren erwünschter Handlungen, wie es der Autor geradezu meisterhaft in diesem Buch dokumentiert, führt zur *Hundeerziehung tierisch gut!* Besonders beeindruckend die Erläuterung, wie menschliche Stimme, Mimik und Hände den Hund lehren. Das Besondere an diesem Buch ist, daß sein Wissen mit viel Humor - fast spielerisch - auf den Leser übergeht. Die Zeichnungen des bekannten Cartoonisten McLachlan sind besonders hilfreich - schmunzelnd vertieft sich das Verständnis. Lesen Sie das ganze Buch zweimal - vielleicht sogar dreimal! Sie werden staunen, wieviel Wissen darin verborgen steckt. 64 Seiten, 68 Farbcartoons. DM 26,--

Heinz Gail - 1 x 1 DER HUNDEERZIEHUNG
Der Ratgeber für die erfolgreiche Erziehung vom Welpen bis zum Jährling. Auch verdorbene Hunde kann man sinnvoll korrigieren. Wie man das macht, zeigt uns Heinz Gail auf Basis neuester wissenschaftlicher Erkenntnisse. Durch sinnvolle Nutzung der gerade im Welpenalter besonders ausgeprägten Lernfähigkeit erreicht der Autor bereits bis zur 16. Lebenswoche eine solide Grundausbildung. Dieses Buch empfiehlt sich besonders als Ratgeber, Woche um Woche, für die erfolgreiche Erziehung vom Welpen bis zum erwachsenen Hund. Viele Züchter sind dazu übergegangen, dieses Buch jedem Welpenkäufer als Grundausstattung mit auf den Weg zu geben. Sie tun sehr gut daran. Haben Sie das Buch nicht von Ihrem Züchter erhalten, sollten Sie es sofort kaufen! 104 Seiten, Format 22 x 12 cm, 74 Fotos. DM 26,--

Andrew De Prisco - DAS GROSSE 1 x 1 DER HUNDEERZIEHUNG
Der Autor ist Herausgeber von mehr als 200 Hundefachbüchern im größten Hundebuchverlag der Welt, aktiver Hundehalter und hat sich an seinen Shiba Inus in der Hundeerziehung die *goldenen Sporen* verdient. Sein Buch bringt in flüssigem Stil konzentriert all das Wissen, das Hunden und ihren Besitzern Enttäuschungen und falsche Erziehungsversuche erspart. Viele alte Zöpfe werden in diesem Buch abgeschnitten. Erfolgreich befaßt er sich mit der Frage, wie ein Hund denkt, was die Triebfedern seines Handelns sind. Für jeden Hundefreund empfehlenswert! 160 Seiten, 150 Farbfotos. DM 39,80

Richard A. Wolters - NEUE WEGE DER JAGDHUNDEAUSBILDUNG
Früherziehung auf wissenschaftlicher Grundlage - nicht nur für Jagdhunde. Richard A. Wolters ist einer der erfolgreichsten Autoren weltweit auf dem Sektor moderner Hundeausbildung. Mehr als 650.000 verkaufte Erziehungsbücher dokumentieren, welch großes Interesse seine revolutionären Erziehungsmethoden fanden. Ein sorgfältig ausgearbeitetes Erziehungssystem - Schritt für Schritt - führt Welpen ab einem Alter von sieben Wochen durch alle jagdlichen Aufgaben. Und wichtig: Vorwiegend aus dem Spiel heraus, mit einem Minimum an Zwang, führt dieses Buch zum Erfolg - im jagdlichen Alltag wie auf Leistungsprüfungen. **Wer dieses Buch und all das Wissen seines Autors nicht kennt, nicht aktiv nutzt - der schadet seinem Hund und damit sich selbst!** 208 Seiten, 270 Fotos und Zeichnungen. DM 49,80

Thomas Baumann - NEUE WEGE DER POLIZEIHUNDEAUSBILDUNG
Dieses Buch stellt die ketzerische Frage, wie weit heute die Anforderungen der Polizei nach einsatzfähigen Gebrauchshunden und das Angebot der Züchter im Einklang stehen. Sind unsere Hunde überhaupt noch für den polizeilichen Einsatz geeignet? Thomas Baumann hat als erfahrener Hundeführer und Ausbilder von Diensthundeführern die Polizeihundeausbildung in den letzten Jahren maßgebend mitgestaltet, zeigt in seinem Buch detailliert die Aufgabenstellung des Diensthundes und seine Ausbildung. *Weg vom Kommissar Rex* - gerade der Gebrauchshundesportler findet eine Fülle neuer Anregungen. Wer seinen Hund im Schutzhundesport führt, wird für seine Arbeit aus diesem Buch sehr viel lernen! Der Erfolg ist sicher! 248 Seiten, 75 Farbfotos. DM 52,--

Adolf Kraßnigg TURNIERHUNDSPORT
Im Turnierhundsport sehen immer mehr Hundefreunde gemeinsam mit ihrem Hund eine reizvolle Aufgabe. Gefordert ist immer das Team - Mensch und Hund! Die Anforderungen beim Turnierhundsport liegen hoch, Adolf Kraßnigg hat dies von der Pike auf kennengelernt, weiß um die Schwierigkeiten der einzelnen Aufgaben. Erfreulich die Tatsache, daß ausgerechnet der Autor als Halter mehrerer Tibet Terrier den Beweis erbringt, daß diese Sportart wirklich allen Hunderassen offensteht. Der Turnierhundsport führt Hund und Besitzer heraus aus dem Haus, in die freie Natur, stellt echte Anforderungen an das Leistungsvermögen von Zwei- und Vierbeinern. Es bleibt zu hoffen, daß dieses Buch dem Turnierhundsport zahlreiche neue Anhänger bringen wird. Die neuesten Prüfungsordnungen findet der Leser im Anhang dieses Werkes. Ca. 144 Seiten, 50 Fotos. DM 42,--

Hunde besser verstehen

Eberhard Trumler - DAS JAHR DES HUNDES, Ein Jahr im Leben einer Hundefamilie
Das großartigste Buch des bekannten Verhaltensforschers. Anhand dieses Buches kann mühelos jeder denkende Hundebesitzer natürliche Lernfähigkeit, Bereitschaft zur Erziehung und sinnvolle Erziehungsmethoden entwickeln. Ein zeitloses Dokument der Verhaltensforschung, das zig-tausenden von Lesern Aufzucht und Haltung des eigenen Hundes erleichtert hat. Dazu eine einmalige Bilddokumentation - wie unsere Hunde nun einmal so sind! Eines der wertvollsten Bücher des Verlags. 224 Seiten Großformat (28,5 x 22 cm), 168 Farbfotos. DM 64,80

Eberhard Trumler - DER SCHWIERIGE HUND
Unser absoluter Bestseller im Verlagsprogramm, unverändert in der fünften Auflage hochaktuell. Die Themen Problemhunde, Aggression, Angst, Wesensschwäche, Kläffen, Zwingerhaltung, Stubenreinheit, Zerstörungen, Weglaufen, Streunen, Kotfressen, Wasserscheu... sie alle werden ausführlich erläutert und Lösungsmöglichkeiten aufgezeigt. Am wichtigsten: *Der kluge Ungehorsam!* Und wo endet das Buch: *Beim schwierigen Menschen!* Sehr empfehlenswert! 206 Seiten, 46 Meisterfotos von Dr. Hans Jesse. DM 36,--

Myrna M. Milani - DIE UNSICHTBARE LEINE
Die unsichtbare Leine ist das Band zwischen Mensch und Hund. Es ist geknüpft aus Wissen, Vertrauen, Verstehen, Geduld und - vor allem - aus Liebe! Die Tierärztin Myrna M. Milani erklärt die faszinierende Welt der Sinne unserer Hunde. Das Wissen um die unterschiedlichen Sinneseindrücke, die sich unserem Vierbeiner bieten, wird zum Schlüssel für eine erfolgreiche Erziehung des Hundes in jeder Lebenslage. »Ein warmherziges, kluges, wunderschönes Buch - wie es bisher kein anderes in deutscher Sprache gibt!« 252 Seiten, 6 Farbfotos. DM 42,--

Dr. Roger Mugford - HUNDE AUF DER COUCH, Verhaltenstherapie bei Hunden
Was löst bei Hunden Aggressionen aus? Wie kann sich der Mensch gegen angreifende Hunde schützen? Wie befreit man Hunde von ihren Ängsten? Dieses Buch hat der weltweit hoch angesehene Verhaltenstherapeut Dr. Roger Mugford geschrieben - allen Hundehaltern bekannt als der Erfinder von *Halti, Boomerball, Kongspielzeug, Aboistop!* Der große Vorzug des Buches - wir erfahren an Fallbeispielen exakt, welche Schritte erforderlich sind, um die Störungen zu beseitigen. Manchmal ist es mehr Liebe, oft ist es auch mehr Härte gegenüber dem eigenen Hund und sich selbst! *Für jeden Hundehalter, der dazu lernen möchte, ist dieses Buch unverzichtbar!* (Dr. Dorit Feddersen-Petersen) 208 Seiten, 61 Farbfotos. DM 49,80

John Fischer u. a. - VERHALTENSSTÖRUNGEN BEI HUND UND KATZE
Dieses Buch ist ein Buch über den Menschen. Wir lieben unsere Vierbeiner, sie bereichern unser Leben, aber verstehen wir sie? *Dieses Buch ist eine Anklage gegen uns Menschen!* Wissenschaftliche Untersuchungen beweisen - 20 Prozent aller mit uns in Lebensgemeinschft lebenden Tiere weisen schwere Verhaltensstörungen auf. Alljährlich werden tausende körperlich gesunde Hunde und Katzen aufgrund schwerer seelischer Schäden eingeschläfert. Es vermittelt die Gesetze harmonischen Zusammenlebens von Mensch und Tier. *Verstörte Katze, gestörter Hund* - immer ist der Mensch der Grund! 176 Seiten, erstklassige Illustrationen, praxisnahe Bebilderung. DM 46,--

Urs Brehm - GESTÖRTER HUND... WAS NUN?
Sensationell! Revolutionär! Richtungsweisend! Es gibt kein anderes Fachbuch, das, basierend auf der Moshé-Feldenkrais-Methode, dem interessierten Leser so praxisnah und leicht verständlich aufzeigt, wie sein Hund, sein liebstes Haustier, bei psychischen und physischen Störungen selbst therapiert werden kann. Langjährige Praxis und Erfahrungen des schweizer Autors, des Feldenkrais-Schülers Urs Brehm, werden in diesem Buch in einer für jeden Hundeliebhaber leicht verständlichen Sprache und einer Vielzahl hervorragender Fotos dargestellt. Die aufgeführten Beispiele sind leicht nachzuvollziehen und auch auf den eigenen Hund übertragbar. 106 Seiten, ca. 35 Fotos. DM 36,--

Carl Gorman - DER ALTERNDE HUND
Diese Neuerscheinung füllt eine bedauernswerte Lücke. Dabei dauert das Hundeleben 10 bis 16 Jahre - und die letzten Jahre sind ebenso wichtig wie die Jugend! Dr. Carl Gorman weist einen Weg *wie Du Deinem Hund durch seine goldenen Jahre hilfst!* »Es ist eben ein alter Hund, da kann man nichts machen!« Wer dieses Buch gelesen hat, dem fällt es wie Schuppen von den Augen, was er alles bisher durch Nichtwissen und Gedankenlosigkeit an seinen Hunden versäumt hat! Das Altern verliert an Bedrohlichkeit - für Mensch und Tier, wenn man es bewußt angeht, richtig gestaltet. Dieses Buch wird dem Hundehalter eine große Hilfe sein. 136 Seiten, reich illustriert, 6 Farbfotos. DM 28,--

J. M. Evans & K. White DOGLOPAEDIA - Das große 1 x 1 der Hundehaltung
Die Doglopaedia übermittelt übersichtlich und umfassend das Wissen, das jeder Hundefreund im täglichen Umgang mit seinem Hund wirklich braucht. Sie ist nicht nur ein *Einsteigerbuch für den Anfänger,* sondern in erster Linie *ein Nachschlagewerk,* das zu fast jeder Frage kompetente Antworten anbietet. Für den Laien klar verständliches Tabellenmaterial, Falllösungen ***Was tun, wenn...,*** über 43 Einzelprobleme, Darstellung des Hundes in gesunden und kranken Tagen mit Körperfunktionen und Infektionskrankheiten, alles findet der Leser übersichtlich zusammengestellt. Dieses Buch empfiehlt der Verlag als eines seiner wichtigsten. 258 Seiten, 41 tabellarische Zusammenstellungen, reiche Illustrationen. DM 42,--

KYNOS VERLAG Dr. Dieter Fleig GmbH - Am Remelsbach 30
54570 Mürlenbach/Eifel - Telefon: 0 65 94 / 653 - Telefax: 0 65 94 / 45

KYNOS-ATLAS
HUNDERASSEN DER WELT
ist das umfassendste, fachkundige Hundebuch in deutscher Sprache. Dieses Nachschlagewerk schließt eine große Lücke auf dem deutschsprachigen Büchermarkt.
Jede heute bekannte Hunderasse der Welt wird in Anatomie, Wesen und Rassegeschichte ausführlich vorgestellt, viele unbekannte Rassen erscheinen zum ersten Mal in Wort und Bild.
Die mit vielen Preisen ausgezeichneten Autorinnen Bonnie Wilcox, DVM, und Chris Walkowicz, beide selbst erfolgreiche Züchterinnen von Bearded Collies, bieten den Hundeliebhabern eine Fülle an Informationen, gewürzt mit Charme und interessanten Anekdoten.
Dieses Buch ist das Hohe Lied der Rassehundezucht, eine Dokumentation des ständigen Bemühens des Menschen, bessere, leistungsfähigere und schönere Hunde zu züchten sowie wertvolle, alte Hunderassen zu erhalten.

Der **K Y N O S A T L A S H u n d e r a s s e n d e r W e l t** im Spiegel der Fachpresse:

Der Kynos Atlas ist ein kynologisches Jahrhundertwerk, er wird als Nachschlagwerk über Jahrzehnte dem Kynologen unentbehrlich sein.

Dr. h.c. Hans Räber

Das ist der Brockhaus der Hundezucht! Der für seine excellenten Hundebücher bekannte Kynos Verlag hat unter der Federführung des Experten Dr. Dieter Fleig dieses Mammut-Werk ins Deutsche übersetzt.

Ein Herz für Tiere

Outstanding Reference Book.

American Library Association

Ein prachtvoll ausgestattetes Nachschlagewerk, das das Herz jedes Hundefreundes schon beim Durchblättern höher schlagen läßt.

Frau im Spiegel

Ich habe noch nie ein Buch dieser Großartigkeit gesehen. Nur wenige Bücher muß jeder Hundebesitzer haben. Dies ist eines davon.

Dog Fancy

Der GOTHA DES HUNDEADELS! So ein Nachschlagewerk hat gefehlt. Sehr interessant und seinen Preis wert.

Dr. Dorit Feddersen-Petersen

KYNOS ATLAS, Hunderassen der Welt, 912 Seiten Großformat, 1.100 Farbfotos, DM 198,--

KYNOS VERLAG Dr. Dieter Fleig GmbH, Am Remelsbach 30, D-54570 Mürlenbach
Telefon 06594/653, Telefax 06594/452